C.H.BECK ■ WISSEN

in der Beck'schen Reihe

Die durch die Jahrhunderte zielgerichtet auf den Nationalstaat zulaufende Geschichte Italiens ist ein Mythos des 19. Jahrhunderts. Von der Spätantike an gibt es keinen gemeinsamen staatlichen Rahmen, sondern eine Vielzahl politischer Gebilde auf dem Boden „Italiens", dessen Grenzen, über unstrittige Kernbereiche hinaus, nie eindeutig sind.

Aber Nationalgefühl und Nationalismus sind keine Hervorbringungen des 19. und 20. Jahrhunderts. Schon ein Jahrtausend zuvor hatten die Italiener eine eingängige Definition des Eigenen und Fremden: Italien, das ist das Land der Urbanität, des kulturell durch Nähe zur Antike geadelten und veredelnden Lebens, durch die Alpen geschützt vor der Barbarei der Germanen. Dieses ruhige Bewußtsein eines unverlierbaren kulturellen Vorrangs wird vor dem Ende des 17. Jahrhunderts in seinen Grundfesten erschüttert. Erst seit Beginn des 19. Jahrhunderts wird die Einigung des Landes zur Mission. Sie zu erfüllen ist der Nachweis, einer großen Geschichte würdig zu sein. In dieser Zuversicht, Italien auf die Gipfel seiner Geschichte und von dort zu neuen Ufern emporzuführen, gewinnt noch der Faschismus Anhänger. Und schließlich lebt die Denkfigur der veruntreuten, im wahren Nationalstaat zu korrigierenden Geschichte in der Padanien-Demagogie bis in unsere Tage fort.

Auf den neuesten Forschungen aufbauend, schildert und erklärt dieses Buch nicht nur die Geschichte des Landes vom frühen Mittelalter bis heute. Es zeigt überdies, daß ohne eine vertiefte Kenntnis der Vergangenheit die Gegenwart Italiens kaum verständlich ist.

Volker Reinhardt, geb. 1954, ist Professor für Allgemeine und Schweizer Geschichte der Neuzeit an der Universität Freiburg/ Schweiz. Bei C.H.Beck erschienen von ihm u.a. „Der unheimliche Papst. Alexander VI. Borgia" (2005), „Deutsche Familien" (2. Aufl. 2005) sowie in der Reihe C.H.Beck Wissen „Die Renaissance in Italien" (2002), „Die Medici" (3. Aufl. 2004) und „Geschichte der Schweiz" (2006).

Volker Reinhardt

GESCHICHTE ITALIENS

Verlag C.H.Beck

Mit drei Karten

1. Auflage. 1999
2. Auflage. 2002

3., aktualisierte Auflage. 2006

Originalausgabe
© Verlag C. H. Beck oHG, München 1999
Gesamtherstellung: Druckerei C. H. Beck, Nördlingen
Umschlagentwurf: Uwe Göbel, München
Printed in Germany
ISBN-10: 3 406 43318 9
ISBN-13: 978 3 406 43318 4

www.beck.de

Inhalt

I. Prolog: Die Entdeckungen der Nation

Aufgerufen, über den Anschluß an ein von den Alpen bis zum Ätna reichendes Königreich Italien abzustimmen, hielten sizilianische Bauern „Italia" 1860 für die Gemahlin des regierenden Königs von Sardinien-Piemont. Dessen Premierminister Camillo Cavour, politischer Architekt des neuen Nationalstaates, sprach piemontesischen Dialekt und perfekt Französisch, Italienisch hingegen sehr unvollkommen. Der Süden Italiens blieb ihm in jeder Hinsicht fremd. Seinen sofortigen Anschluß hat er weder gewollt noch geplant, sondern dem Zwang der Umstände entsprechend vollzogen. Im neuen Königreich von 1861 koexistieren, schon bald mehr feindlich als friedlich, viele Italien, von denen nicht wenige weit in die Vergangenheit zurückreichen. So kostet der schmutzige Krieg zwischen der ländlichen Bevölkerung im Süden mit ihrer ganz traditionellen Mentalität und der Armee 1861 bis 1865 nicht nur mehr Opfer als alle Einigungskriege zusammen, er läßt auch nachdenkliche Intellektuelle an der Einheit der Nation (ver)zweifeln.

Nationalgefühl und Nationalismus sind keine Hervorbringungen des 19. und 20. Jahrhunderts. Schon ein Jahrtausend zuvor hatten Italiener eine eingängige Definition des Eigenen und des Fremden: Italien, das ist das Land der Urbanität, des geregelten, zivilisierten, kulturell durch Nähe zur Antike geadelten und veredelnden Lebens, durch die Alpen geschützt vor der instinktgeleiteten, triebergebenen, rohen, verwüstenden Barbarei der Germanen, die sich jedoch, vom Eroberer zum Siedler geworden, unter das sanfte Joch der überlegenen Daseinsform spannen lassen. Immer auf eine schmale Bildungselite beschränkt und immer mit leidenschaftlichem Lokal- und Regionalpatriotismus vereinbar, wird sich gesamtitalienisches Wir-Bewußtsein vom 14. Jahrhundert an mit antiken Argumenten und Motiven machtvoll anreichern, ja aggressiv ausbauen, bewahrt aber bei aller Einkleidung in die Formeln klassischer Rhetorik seine Wesenszüge: Im Gegensatz zu ihren Rivalen in Deutschland, die Abstammungsreinheit und Unvermischtheit zu einem entscheidenden Abgrenzungsmerkmal ihrer Nation erheben, bestimmen italienische Humanisten *italianità* nicht in erster Linie genealogisch, sondern durch geschichtliche Dynamik. Das ruhige Bewußtsein eines unverlierbaren kulturellen Vorrangs wird auch vom Ende des 17. Jahrhunderts an, als führende Intellektuelle wachsende Rückständigkeit zum atlantischen Europa festzustellen beginnen, in seinen Grundfesten nicht erschüttert. Geprägt durch die humanistische Denkfigur von antiker Hochkultur, Niedergang im mittleren Zeitalter als Folge barbarischer Invasionen und nachfolgendem allmählichem Wiederaufstieg, geht es den Vertretern der italienischen Aufklärung im 18. Jahrhundert darum, die widrigen Umstände zu beheben, die Italien jetzt, vorübergehend, daran hindern, die ihm zufallende kulturelle Vorrangstellung einzunehmen. Sie zurückzugewinnen sehen sie einen vorgezeichneten Weg: loyale Reformarbeit an der Seite der die verschiedenen staatlichen Gebilde auf italienischem Boden regierenden Mächtigen, gleichgültig ob italienischen Ursprungs oder nicht.

Daß Heilung der dem Nationalgeist von fremder Hand geschlagenen Wunden nur im Nationalstaat gefunden werden kann, diese Erlösungsbotschaft wird im letzten Viertel des 18. Jahrhunderts nur von sehr wenigen, dafür machtvoll (an)-klagenden Stimmen verkündet. Für die nachfolgenden drei Generationen italienischer Intellektueller aber wird die Einigung des Landes zu einer Mission; sie zu erfüllen wird zur alleinigen Existenzberechtigung, zum Nachweis, einer großen Geschichte würdig zu sein.

Der seit dem Import der Französischen Revolution ab 1796 heftig beschleunigte Geschichtsverlauf findet seine Widerspiegelung im Aufruf zur unverzüglichen Tat. Haben fremde Hände die Geschichte Italiens perfide abgebrochen, so hat es sich doch aus eigener Willensschwäche danach nicht wiederaufgerichtet. Nationale Wiederbelebung lautet daher das Gebot der Stunde. „Risorgimento" bedeutet in den Herzensergießungen hochgestimmter romantisch-patriotischer Literaten die Rettung von Nation und Nationalgeist vor dem Geschichtstod.

Für diese Wiederauferstehung aber ist die Freilegung der wahren, authentischen Nationalgeschichte Voraussetzung. Das intellektuelle Risorgimento ist daher in höchstem Maße historistisch, d. h. durch die Reflexion, ja Aneignung von Geschichte geprägt. Die Geschichte wird zum Lehrbuch der Nation, in dem jede ideologische Richtung die sie bestätigende Lektion aufschlägt. So projiziert die demokratische Linke in die mittelalterliche Stadtkommune Freiheit, Gleichheit, Brüderlichkeit hinein, während die gemäßigten liberalen Kräfte in der Geschichte auf einmal die Qualitäten der piemontesischen Herrscher „entdecken", deren Nachfolger sie sich als Schutzherren der Einigung wünschen. Am Grunde aller geschichtlichen Reflexionen und Konstruktionen jedoch lebt die Hoffnung auf Wiederanknüpfung an historische Größe.

In dieser Zuversicht aber sahen sich die nach 1860 politisch aktiven Generationen getrogen. Mit der Verheißung, Italien auf die Gipfel seiner Geschichte und von dort zu neuen Ufern emporzuführen, gewinnt daher der Faschismus gerade im Bildungsbürgertum Anhänger. Die grotesk großsprecherischen faschistischen Platzanlagen der Piazza della Vittoria in Brescia oder des EUR-Viertels vor den Toren Roms verkünden diesen Anschluß an die Großzeiten des römischen bzw. venezianischen Imperiums als bereits vollzogen. Und schließlich lebt die Denkfigur der veruntreuten, im wahren Nationalstaat zu korrigierenden Geschichte in den „historischen" Trivialmythen der Padanien-Demagogie unserer Tage verschandelt fort.

Die durch die Jahrhunderte mit zielgerichteter Notwendigkeit auf den Nationalstaat zulaufende Geschichte Italiens ist also ein Mythos des 19. Jahrhunderts. Von der Spätantike an gibt es keinen gemeinsamen staatlichen Rahmen, sondern immer eine Vielzahl politischer Gebilde auf dem Boden „Italiens", dessen Grenzen, über unstrittige Kernbereiche hinaus, auch für die Intellektuellen nie eindeutig sind – von der Sprache ganz zu schweigen. Obwohl sich zwischen dem 14. und 16. Jahrhundert ein verbindlicher Kanon für die literarische Hochsprache herausbildet, liegen zwischen Sizilien und Piemont auch grammatikalische Welten.

Die sozial- und kulturgeschichtliche Forschung der letzten Jahrzehnte hat gewiß die Umrisse eines italienischen „Sonderweges" durch die mittelalterliche und frühmoderne Geschichte herausgearbeitet, unter denen das Element der Antizipation, der Vorwegnahme – konkret der Vorzeitigkeit von Banken und Großhandel, von Verstädterung und Stadtstaaten, auch von Elitenverschmelzungen, Hofbildung und höfischer Kultur –, leitmotivischen Charakter besitzt. Doch kann keines dieser Merkmale für alle Teile des heutigen Italien Gültigkeit beanspruchen. Ein Überblick über die italienische Geschichte vom späteren Mittelalter bis in unsere Tage wäre daher ein künstliches Unterfangen ohne die geschichtsmächtige Mythenbildung Nationalgeschichte. Ohne die Vorstellung von einer einigenden Geschichte als Kernbestandteil eines italienischen Nationalbewußtseins wäre der Nationalstaat nicht entstanden, ohne sie ist er nicht zusammenzuhalten. Geschichtliche Mythen als solche zu erweisen und mit nüchterneren Bewertungen zu kontrastieren bedeutet zugleich, ihre Entstehung und ihre Funktion zu verstehen.

II. Italien im späten Mittelalter

Der Aufstieg Roms von der Hirtensiedlung an den sieben Hügeln zum Zentrum des mittleren und dann zur Vormacht des ganzen Italien vom 14. bis 3. Jahrhundert v. Chr., Italien erst als Mittelpunkt, dann als ein Teil des römischen Imperiums unter anderen, nach dessen Zerfall im Westen ab 476 Invasion und Königreich der Ostgoten, Einfall, Ansiedlung und Herrschaftsbildung der Langobarden ab 568, ihre Unterwerfung durch die Karolinger im 8. Jahrhundert, die ottonische Eroberung Oberitaliens wiederum zwei Jahrhunderte später, das Normannenreich des 11. und 12. Jahrhunderts im Süden, die anschließende staufische Herrschaft: Etappen der Geschichte auf italienischem Boden, gewiß, aber auch Geschichte Italiens?

Metternichs italienische Patrioten empörende Bemerkung, Italien sei nichts als ein geographischer Begriff – seit wann ist sie nachweislich falsch? Anders gefragt: Seit wann ist Italien so weit Nation, daß sich eine Geschichte Italiens erzählen läßt? Seit es über die rudimentäre Abgrenzung vom barbarischen Rest der Welt hinaus ein geschärftes Bewußtsein für die Eigenart, die Eigenständigkeit, das eigene Schicksal Italiens, seit es ein emotional hochbefrachtetes Italien in den Köpfen gibt; nicht in vielen, aber in herausragenden, produktiven, die Nation mit präzisen Konturen produzierenden Köpfen.

Auch diese Kopfgeburt der Nation vollzieht sich nicht schlagartig, doch treten im 14. Jahrhundert herausragende Geburtshelfer auf: An der Verdichtung der Nation zu einer in sich geschlossenen Vorstellungswelt haben Dichter-Humanisten wie Francesco Petrarca (1304–1374) großen Anteil. Die innere Geschlossenheit, die Harmonie und Perfektion des gedachten, geträumten, erträumten Italien kontrastiert um 1380 auf das heftigste mit der Uneinheitlichkeit, mit der Zersplitterung und Unfriedfertigkeit auf dem Boden Italiens, auf dem harten Boden der politischen Tatsachen.

Konturen der politischen Landkarte

Epochengrenzen sind überwiegend Konventionen, Memorierungshilfen. Zwischen dem spätmittelalterlichen und dem frühneuzeitlichen Italien stechen bei allem langsam vonstatten gehenden Wandel ausgeprägte Kontinuitäten ins Auge. So stammt der 1730 verstorbene Papst Benedikt XIII. Orsini aus einer Familie, die schon von 1277 bis 1280 den Stuhl Petri besetzt und in den nachfolgenden fünfhundert Jahren nicht nur in Rom, sondern auch im südlichen Italien einen Machtfaktor ersten Ranges darstellt; sein im selben Jahr gewählter Nachfolger Klemens XII. Corsini konnte als Ruhmestitel nicht nur einen Heiligen des 14. Jahrhunderts (Andrea Corsini, gest. 1374), sondern noch viel weiter zurückreichende Ämtertraditionen in Florenz vorweisen. Auch und gerade in den Republiken des 18. Jahrhunderts, in Venedig, Genua, Lucca, tragen die führenden Familien der engsten Machtzirkel Namen, die seit Jahrhunderten auf patrizischen Prunkgrabmälern prangen – untrügliche Zeichen dafür, daß sich in Italien Führungsschichten nach verschiedenen Ergänzungs- und Verschmelzungsprozessen früh, schon im 14. Jahrhundert, weitgehend abgeschlossen haben. Wer in den nächsten vierhundert Jahren sozial und politisch aufsteigen möchte, hat den Weg durch das Nadelöhr der nützlichen Beziehungsnetze zu beschreiten.

Kontinuität prägt nicht nur die Eliten, sondern auch die Staatenlandschaft. Die Grobgliederung der politischen Landkarte von 1380 ist, gleichsam im Gegenlicht, dreieinhalb Jahrhunderte später durchaus noch erkennbar: im Norden bis einschließlich der Toskana einst wie jetzt das zum Heiligen Römischen Reich gehörige und damit der Lehenshoheit des Kaisers unterstehende Königreich Italien. Daran angrenzend von Bologna im Nordosten bis kurz vor Gaeta im Südwesten der Kirchenstaat als politisches Gebilde eigener Art unter der Herrschaft des Papstes, der über das im Süden anschließende Königreich Sizilien die Lehenshoheit beansprucht.

Sowohl 1380 als auch 1730 ist die Hoheit des Reichs im Norden Italiens Fiktion und lebendiger Bezugspunkt zugleich.

Seit dem Tod Friedrichs II. im Jahr 1250 hat kein Kaiser mehr über längere Zeit unmittelbare Herrschaft in Italien ausgeübt – und doch bleibt das Reich als Legitimation und Recht stiftende Instanz, auch als indirekter Machtfaktor präsent. So erwirbt die Republik Venedig, selbst seit Jahrhunderten der Reichshoheit entwachsen, für ihre auf dem italienischen Festland erworbenen Gebiete 1523 formell die Rechte vom Kaiser. Und auch die Signori, obwohl als Einzelherrscher durch ausdrückliche Machtübertragung formell legitimiert, zahlen dem Reichsoberhaupt im 14. und 15. Jahrhundert riesige Summen für Markgrafen- und Herzogstitel. An Nischenplätzen zwischen den – Kaiser und Reich de facto längst entzogenen – oberitalienischen Machtblöcken aber bestehen kleinere adelige Herrschaften fort – bis ins 18. Jahrhundert dem Reich lehenspflichtig und ihm zugleich für ihr Überleben verpflichtet.

Die wichtigsten Steine des politischen Mosaiks von 1380 sind dreieinhalb Jahrhunderte später trotz mancher Dynastiewechsel oder Verfassungsumbauten durchaus noch wiederzuerkennen. Im Nordosten die Adelsrepublik Venedig, 1380 noch mit bescheidenem Festlandbesitz, seit dem 15. Jahrhundert im Westen bis Bergamo und Brescia, im Süden bis nördlich von Ferrara ausgreifend, im Inneren de jure vom Adel als ganzem regiert, de facto von dessen (einfluß)reichsten Familienzweigen dominiert, seit dem 16. Jahrhundert überwiegend auf die Behauptung des Status quo gerichtet, aber bis weit ins 18. Jahrhundert hinein lebensfähiger als gemeinhin geschildert.

Westlich davon das Herrschaftsgebiet der Visconti, die sich seit 1395 mit dem (für eine horrende Summe vom Kaiser erworbenen) Titel der Herzöge von Mailand schmücken – um diese Zeit auf dem Weg zu einer oberitalienischen Hegemonie, die nicht von Dauer sein wird. Ab 1450 unter der Nachfolgedynastie der Sforza, wird die lombardische Metropole ab 1499 für drei Dutzend Jahre die am heißesten umkämpfte Stadt Europas. Danach für mehr als anderthalb Jahrhunderte Teil des spanischen Imperiums, gerät das Herzogtum Mailand als willenloses Faustpfand europäischer Kabinettspolitik am Anfang des 18. Jahrhunderts unter österreichische Herrschaft.

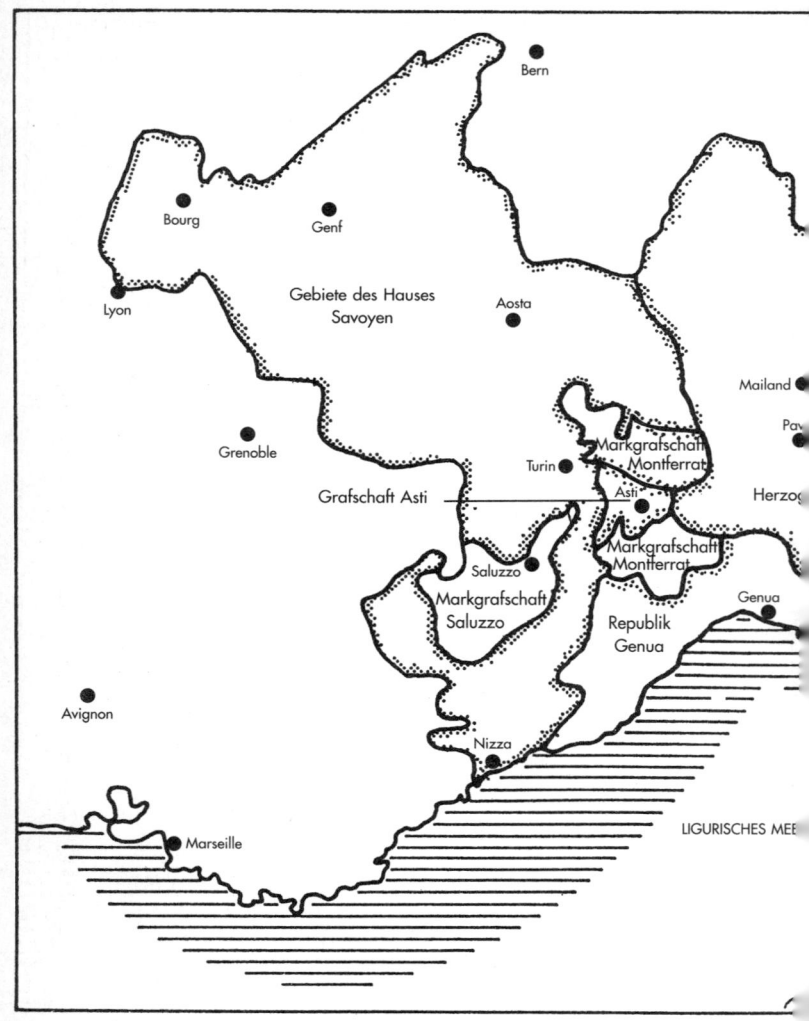

Norditalien Mitte des 15. Jahrhunderts

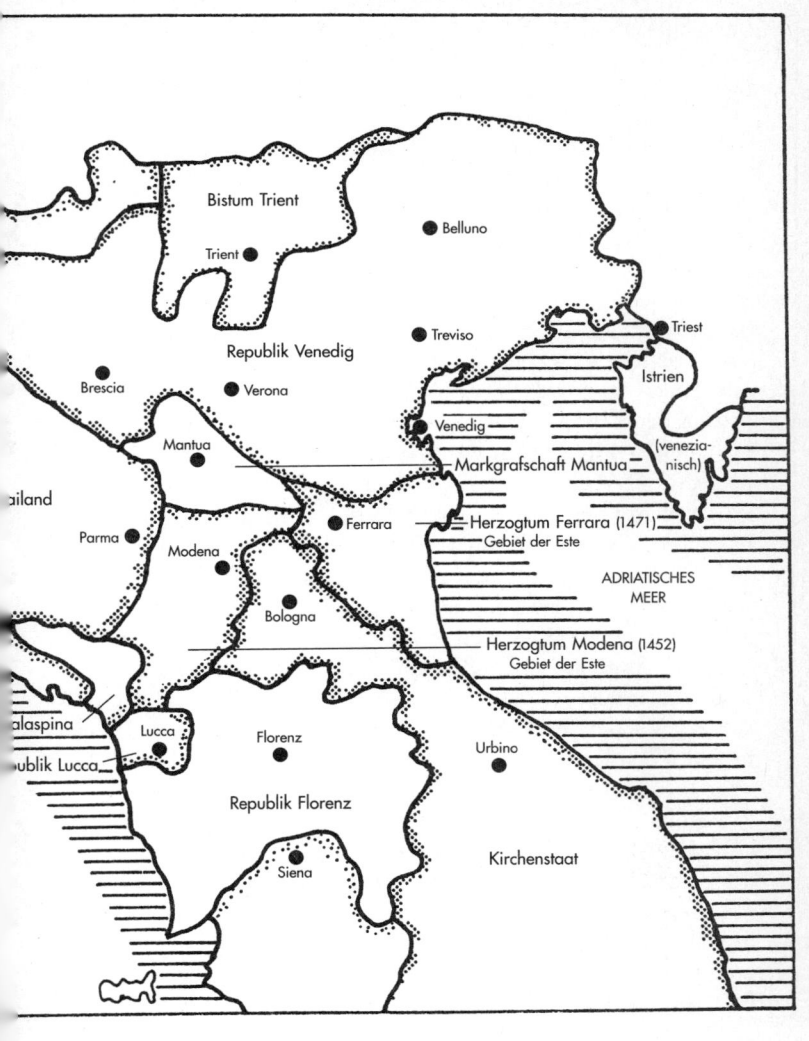

Bistum Trient

Trient

Belluno

Treviso

Triest

Istrien

Republik Venedig

Brescia

Verona

(veneziasch)

Venedig

Mantua

Markgrafschaft Mantua

ailand

Parma

Ferrara

Herzogtum Ferrara (1471)
Gebiet der Este

Modena

ADRIATISCHES
MEER

Bologna

Herzogtum Modena (1452)
Gebiet der Este

alaspina

Lucca

Florenz

Urbino

ublik Lucca

Republik Florenz

Kirchenstaat

Siena

Die immer enger verflochtenen und stärker abgegrenzten einheimischen Eliten huldigen den neuen Herren und bleiben bestehen, d. h., sie behalten ihren beherrschenden Einfluß auf der lokalen Ebene – bis ab etwa 1770 ein schärferer (Reform-) Wind weht.

Stärkste Macht im Westen und zugleich an der äußersten Peripherie der italianità sind die Grafen (ab 1416 Herzöge) von Savoyen, die eine in Piemont regierende Seitenlinie seit dem späteren 14. Jahrhundert erst kontrollieren und dann (1418) beerben, 1413 das angrenzende Gebiet der Markgrafen von Saluzzo eingliedern und als nächstes die Markgrafschaft Montferrat ins Visier nehmen, die sie, durch schwere dynastisch-politische Krisen im 16. Jahrhundert zurückgeworfen, allerdings erst Anfang des 18. Jahrhunderts gewinnen. Im Spanischen Erbfolgekrieg nach atemberaubendem Macht- und Schlachten-Roulette auf seiten der Sieger wird der fähigste italienische Herrscher der Zeit, Herzog Vittorio Amedeo II., durch den Frieden von Utrecht (1713) König von Sizilien. Doch diese Neuerwerbung liegt zu fern und ist zu andersartig; so bleibt einige Jahre später nur der Tausch gegen das politisch bedeutungsarme und wirtschaftlich rückständige, aber einen Königstitel liefernde Sardinien: Etappen einer langsamen, aber über Jahrhunderte mit äußerster Zähigkeit verfolgten Expansion und inneren Konsolidierung eines Mittelstaates, der bis zur zweiten Hälfte des 16. Jahrhunderts höchstens am Rande italienischer Kulturentwicklung steht – von einer ihm später angedichteten „italienischen Mission" ganz zu schweigen.

Südlich anschließend, von Ventimiglia bis Portovenere reichend, die Republik Genua: wegen ihrer Turbulenzen zwischen den herrschenden Clans seit jeher berüchtigt, nach Befriedungsphasen ab 1528 im 18. Jahrhundert wieder zunehmend instabil, im 16. und 17. Jahrhundert führender Finanzplatz des Mittelmeeres, mit schmalem, immer wieder durch kommunale und feudale Privilegien durchbrochenem und politisch wenig gegliedertem Territorium.

Angrenzend die Republik Lucca mit ihrem winzigen Gebiet. Anfang des 14. Jahrhunderts unter der Führung des – von

Niccolò Machiavelli in einer ebenso roman- wie thesenhaften Biographie gewürdigten – Castruccio Castracani gegen Florenz siegreich, überlebt diese Republik als von wenigen Familien beherrschter Freistaat durch kluge Diplomatie und mangels Bedeutung bis in die Zeit Napoleons; im Gegensatz zu Siena, das 1555 dem späteren ersten Großherzog der Toskana aus der Familie Medici unterliegt.

Florenz selbst, um 1380 noch Gralshüterin republikanischer Freiheitswerte, de facto aber ebenfalls von etwa sechs Dutzend Familien dominiert, gerät ab 1434 zunächst unter informelle, ab 1537 endgültig unter fürstliche Herrschaft der Medici. Als deren letzter, erbenloser und sympathisch dekadenter Sproß sich 1737 zum Sterben legt, wird die Toskana mit unveränderten Grenzen lothringisch-habsburgischer Besitz.

Andere, um 1380 leuchtende Mosaiksteine sind im 18. Jahrhundert herausgeschlagen worden oder doch stark verblaßt. Das gilt vor allem für das Italien der kleinen, aber kulturell weit ausstrahlenden Höfe. 1597 im Hauptstamm ausgestorben, verlieren die Este das unter direkte päpstliche Herrschaft zurückfallende Ferrara, das sie mehr als dreihundert Jahre lang als Stadtherren regiert hatten, bleiben aber bis 1780 Herzöge von Modena. Mit dem Aussterben der della Rovere, selbst (ab 1508) Erben der seit dem 12. Jahrhundert Urbino beherrschenden Montefeltro, erlischt 1631 am Osthang des Apennin ein weiteres der politisch unbedeutenden, aber kulturell herausragenden Zentren, für Europa im 16. Jahrhundert unerreichter Muster- und Musenhof schlechthin. 1708 reihen sich die Gonzaga, seit 1328 als Herren von Mantua zeitweise wohl glänzendster Teil des höfischen Dreigestirns, in den Totentanz der bodenständigen Dynastien Italiens ein; auch ihr Territorium fällt an Österreich.

Schon im späten Mittelalter ist den reisenden Italienern – Diplomaten, Kaufleuten, Gelehrten – bewußt, daß südlich der Toskana, vor allem aber südlich von Rom ein anderes Italien beginnt: ein Italien ohne mächtige, unabhängige Städte, ohne selbstbewußte städtische Kultur, dafür reich an ahnenstolzen Adeligen, die in ihren Lehen wie kleine Könige regieren – oft

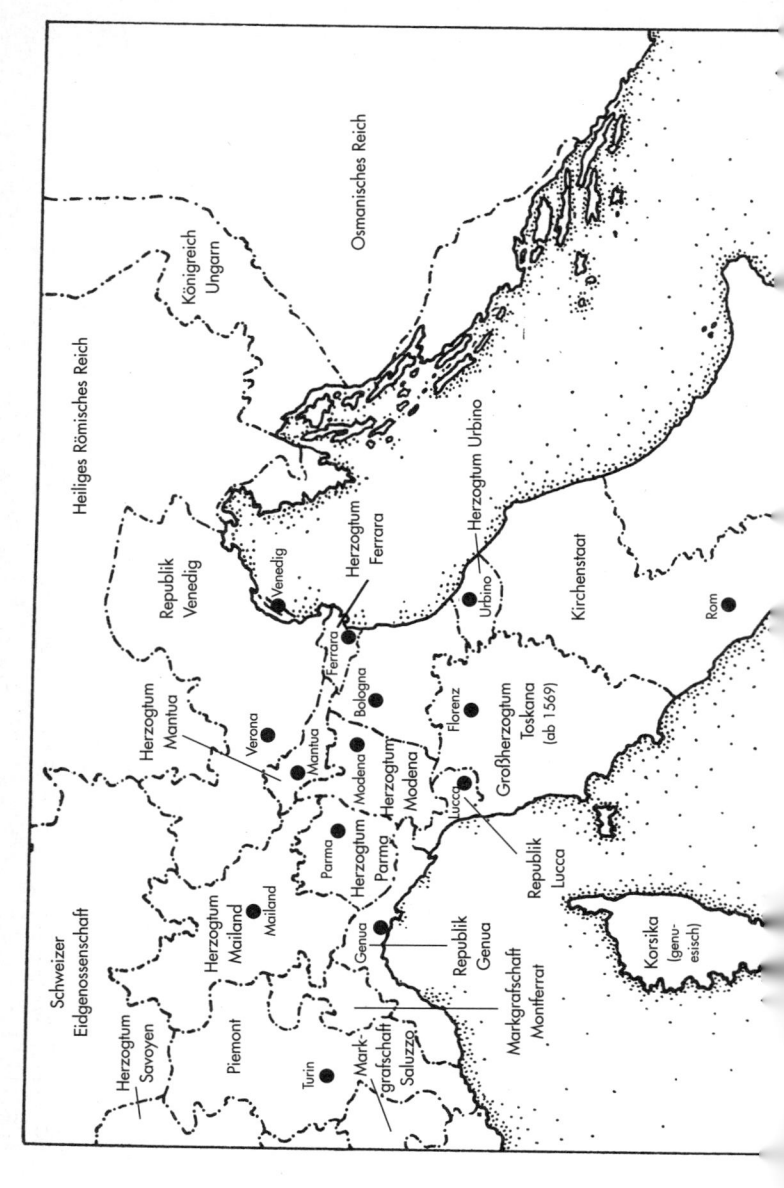

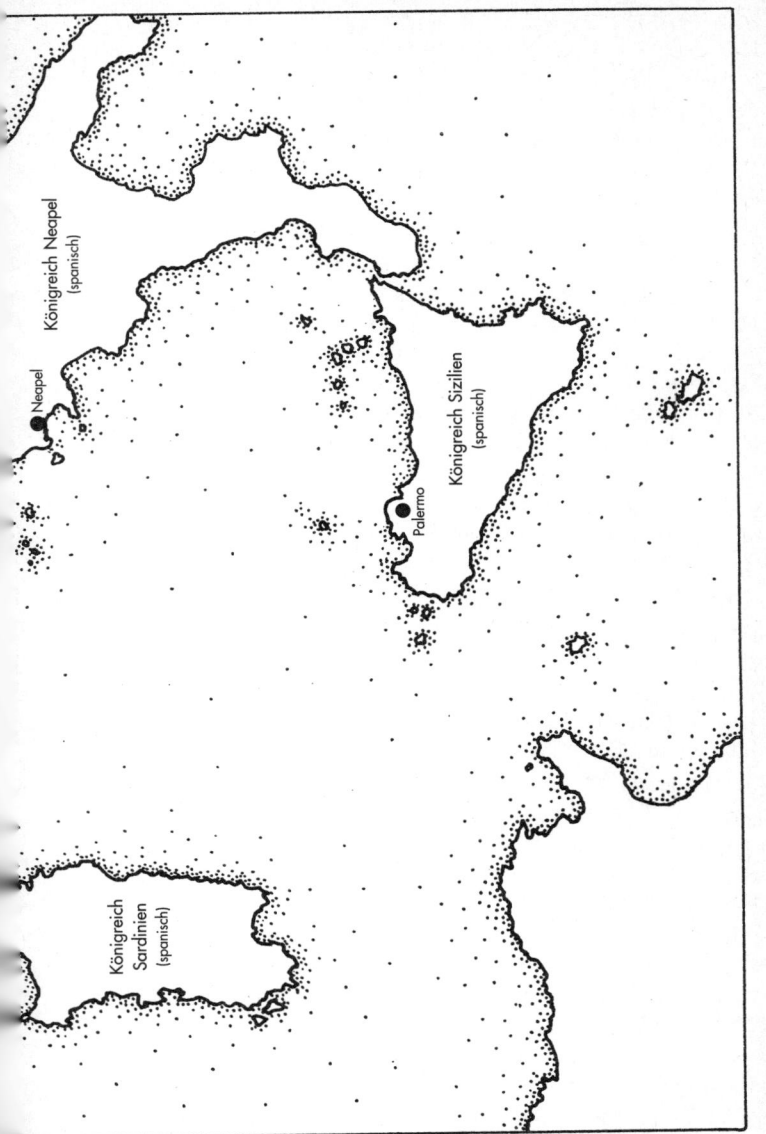

Italien 1559

genug gegen ihren gekrönten Herrn, sei es der Papst, sei es der König von Sizilien. 1380 ist zwar der Papst nach langer Abwesenheit in Avignon wieder in Rom, sein Staat durch die Politik des Kardinals Gil Albornoz notdürftig geflickt, doch hat eine weitere, nicht minder schwere Krise gerade erst begonnen: Seit 1378 gibt es zwei, 1409 bis 1417 gar drei Päpste, jeweils mit eigener Gefolgschaft in einem kirchlich erst zwei-, dann dreigeteilten und entsprechend um sein Heil verunsicherten Europa. Zwar gelingt den Päpsten nach der Beilegung des Schismas (1417) und ihrer Rückkehr nach Rom (1420) bis zur Mitte des 16. Jahrhunderts eine äußere Arrondierung und eine gewisse innere Straffung ihres Herrschaftsgebiets, doch kommt dieser Staatsausbau danach weitgehend zum Stillstand; die lokale Macht des Adels auf dem Lande wird nicht wesentlich eingeschränkt.

Noch unangefochtener ist dessen Stellung im südlich anschließenden Königreich Sizilien, das seit 1282, als sich die Insel abspaltet und unter aragonesische Herrschaft stellt, de facto ein Rumpf-Königreich Neapel unter der ursprünglich französischen Dynastie Anjou ist. Nach bedeutenden, in ganz Italien gefürchteten bzw. respektierten Herrschern erlebt Neapel ab Ende des 14. Jahrhunderts ein düsteres, ja unheimliches Zeitalter der Intrigen, Morde und Thronwechsel und erst nach der „Wiedervereinigung" mit Sizilien ab 1442 Jahrzehnte monarchischer Konsolidierung – doch auch nicht auf Dauer. Im Süden, so scheint es den Aufklärern des 18. Jahrhunderts, kommen und gehen die Dynastien, 1442 Aragón, 1503/04 Spanien, im 18. Jahrhundert Sardinien, Österreich, dann die Bourbonen, doch keine von ihnen wagt den Sturm auf die Machtbastionen von Adel und Kirche.

Fazit der geopolitischen Vogelschau über vier Jahrhunderte: Ins Auge springende Umschichtungen, geschweige denn Umbrüche bleiben aus, sieht man von anderthalb Jahrhunderten spanischer Festsetzung in Nord- und Süditalien ab – doch ist auch diese „Hegemonie" mehr Mythos als Zangengriff. Die eigentliche Geschichte Italiens ist nicht die seines Staatensystems. Ihr Faszinosum liegt gewissermaßen darunter: in den

Kämpfen rivalisierender sozialer Gruppierungen, im Nachdenken über den Ablauf und die Ergebnisse dieser Konflikte, d. h. in politischer Theorie, vor allem aber in einer einzigartig vielfältigen Kultur, die im Nährboden einer lange Zeit innovativen Ökonomie wurzelt und wiederum aufs engste mit den Prestige- und Propagandabedürfnissen von Herrschern und Eliten verknüpft ist.

Italienische Geschichte im späten Mittelalter und in der Neuzeit ist gebändigte Vielfalt, zunehmend geordnete, kanalisierte Konkurrenz. Seit dem Ende des 14. Jahrhunderts runden die größeren Mächte ihre Gebiete auf Kosten der kleinen ab. Die durch den Niedergang der universellen Gewalten, erst des Kaiser-, dann des Papsttums, geförderte Kleinräumigkeit in geradezu anarchischer Fülle ist zu Ende; im Inneren verfestigen sich die Hierarchien. Und in den Köpfen herrscht nicht, wie noch ein halbes Jahrhundert zuvor, Aufbruch-, sondern Niedergangsstimmung vor. Die ab 1347 periodisch wütende Pest hat in drei Jahrzehnten ein Drittel bis die Hälfte der Bevölkerung Italiens dahingerafft. Der durch das Aussterben vieler führender Familien begünstigte Aufstieg neuer Männer provozierte erbitterten Widerstand der Etablierten gegen die Parvenüs, ein Klima sozialer und mentaler Verhärtung. Schon einige Jahre vor dem beängstigenden Massensterben von 1347/48 hatten die großen florentinischen Handelskompanien Bankrott gemacht; den zu Beginn des 14. Jahrhunderts erzielten Ausstoß sollte die italienische Textilproduktion wohl nie wieder erreichen. In den politischen Wirren, vor allem im Süden, verwüsteten fremde Söldnerkompanien das Land. Hinter allem Weltvergreisungs-Pessimismus aber keimt, vorerst noch in kleinen Zirkeln, eine neue, an der Vorbildhaftigkeit der Antike ausgerichtete humanistische Kultur.

Eliten: Herkunft und Habitus

Die am Ende des 14. Jahrhunderts in Nord- und Mittelitalien, sei es in Einzelherrschaften, sei es in Republiken, im Sattel sitzenden Eliten sind, stark schematisiert, aus drei Hauptbestandteilen verschmolzen. Mit dem Wiederaufstieg der Städte im 10. Jahrhundert tritt eine adelige Führungsschicht hervor, die ihre Machtbasis im Lehen, also auf dem Lande, besaß, aber früh in der Stadt ansässig wurde. Sie vermag trotz intensiver Abgrenzungsbemühungen den Aufstieg einer ursprünglich niederadeligen, im Dienst der bischöflichen Stadtherren, und auf Kosten der Klöster reich gewordenen, vehement nachrückenden Schicht nicht zu verhindern. Im Gegenteil: Hoch- und Niederadel bilden um 1100 in den von ihnen inzwischen dominierten Städten eine relativ homogene Machtelite. Unterschiedliche Ursprünge aber sind damit nicht verwischt, sondern schlagen sich im Prestigegefälle nieder – ein kollektives Langzeitgedächtnis spiegelt konservative Grundeinstellungen wider.

Eine aus ältestem, vornehmstem Feudaladel hervorgegangene Dynastie wie die der Este in Ferrara und Modena behält vor ursprünglich kleinadeligen Familien wie den Visconti oder Gonzaga immer einen Renommee-Bonus – und wuchert mit dem Pfund nobler Ahnenreihen in ihrer gelassen-aristokratischen Selbstdarstellung.

Überhaupt ist für zeitgenössische Chronisten die Familie fast immer das Maß aller Dinge – und der Konflikt zwischen Sippen Quelle fast allen Zwistes. Selbst Spaltungen in überregionale „Partei"-Verbände werden darauf zurückgeführt. Moderne Sozialhistoriker mögen das als Mangel an synthetischem Denken beklagen, doch spiegelt sich darin eine Grunderfahrung wider: Keimzelle der sozialen und politischen Ordnung ist der Verwandtschafts- und Verschwägerungsverband. Er erweitert sich um Allianzen mit gleich- oder nachgeordneten Familien und durch Patronage nach unten. Doch konzentriert sich seine Führung auf den engeren Kreis der Blutsverwandten, je stärker sich im 14. und 15. Jahrhundert die Kernfamilie auf Kosten des weiteren Clanzusammenhangs als Loyalitätszentrum durchsetzt. Wie die Lebenden, so die Toten. Sie harren in der familieneigenen Kapelle gemeinsam der Auferstehung – fremde Gebeine stören da nur. Noch die fanatischsten Faschisten werden zähneknirschend die Uneinnehmbarkeit des Bollwerks Familie eingestehen müssen.

Doch Alt- und Niederadel blieben nicht auf Dauer unter sich. Neue, ämterhungrige Familien rücken an der Spitze des *popolo* (wörtlich: Volk) nach, dessen Aufstieg und Ansprüche die politische Szenerie des 13. Jahrhunderts beherrschen. Meist erst im Jahrhundert zuvor, in der eigentlichen Expansionszeit der Metropolen, aus der ländlichen Umgebung eingewandert, aber in den nächsten Generationen durch Bankgewerbe, Großhandel und Textilproduktion reich und selbstbewußt geworden, erzielt dieses „fette Volk" *(popolo grasso)*, in den Augen der alten Elite eine Horde ungehobelter Emporkömmlinge, im Kampf um die Macht sehr unterschiedliche Erfolge. Da, wo es auf die Unterstützung einer breiteren handwerklichen Mittelschicht zählen kann, setzt es sich, so in Florenz 1282/93, für Jahrhunderte als Führungsgruppe durch, die die politische Ordnung und die ideologischen Werte bestimmt und die überlebenden Ausschnitte der älteren Elite zu weitgehender Anpassung an die neuen Verhältnisse zwingt. In kleineren, stärker agrarisch ausgerichteten Städten wie Mantua, aber auch in einer Metropole wie Mailand hingegen gewinnt der *popolo* nie genügend Durchschlagskraft, um die alte Elite aus ihren Schlüsselpositionen zu verdrängen, und erreicht höchstens die Integration einzelner Familien.

So unterschiedlich dieser letzte große Verschmelzungsprozeß im einzelnen auch abläuft, so führt er doch allenthalben im Lebensstil, im Habitus der jetzt herausgebildeten Führungsschichten zu einer Vereinheitlichung, die lange Zeit übliche Unterscheidungen hinfällig macht. Das städtische Patriziat Italiens im 14. und 15. Jahrhundert nämlich ist „bürgerlich" und „adelig" zugleich: bürgerlich, weil es in der Stadt lebt, weil es städtische Führungsämter wahrnimmt, durch solche Ämtertraditionen seinen Rang bestimmt und gegebenenfalls kommerzielle Aktivitäten entwickelt; adelig, weil es ein äußerst geschärftes Bewußtsein für Familientradition und -ehre, eine kräftig ausgebildete Neigung zur Vendetta, zur Bewährung im „Abenteuer", zu militärischen Kommandos und eine ausgeprägte Vorliebe für Titel, Turniere und höfische Riten aufweist.

Hybrid ist auch sein Wirtschaftsverhalten. Gewinne aus Bank und Handel werden von Anfang an in Grund und Boden, ja, wo verfügbar, auch in Lehen angelegt. Nur in Venedig, Genua, Florenz und Pisa ist das Patriziat überwiegend kommerziell und gewerblich tätig. Ansonsten reicht die Lebensform der Führungsschicht von der Teilhabe an dieser „bürgerlichen" Bereicherungsquelle bis zum reinen Bezug von Landrente. Je nach Konjunktur, politisch-militärischer Lage und Zeitgeist erweist sich zudem die Anziehungskraft der einen oder anderen Tätigkeit bzw. Investition als stärker oder schwächer ausgeprägt. Rückzüge aus Bank und Handel hat es schon vor 1340 in breiterem Ausmaß gegeben; zu keinem Zeitpunkt, auch nicht im 16. und 17. Jahrhundert, ist der Ausschlag des Pendels stark genug, um von „Refeudalisierung" zu sprechen.

Zum einen nämlich verträgt sich Geldanlage in Boden sehr wohl mit intensiver Reinvestition, Amelioration und Vermarktung. Zum anderen bedeutet „Feudalismus" im nördlichen Italien etwas anderes als im mittleren Europa. Von der Poebene bis zur Toskana ist er schon früh, vor 1100, von einem politisch-militärischen zu einem ökonomisch-zivilen Faktor geworden. In Piemont nur schwach ausgebildet, in der Toskana durch die Städte stark eingeschränkt, ist das Lehen (*feudum*), auch dort, wo es, wie etwa in der Lombardei, Kompetenzen in Rechtsprechung und Verwaltung bewahrt, außer in Schwächeperioden der Zentralgewalt nicht mehr vorrangig politischer Machtfaktor, sondern Quelle von Abgaben und Sozialprestige.

Von Rom an südwärts aber liegen die Verhältnisse weitgehend umgekehrt. Unter den normannischen Herrschern des 11. und 12. Jahrhunderts noch von einer starken monarchischen Zentralgewalt in Schach gehalten, erwiesen sich die Barone des Südens, mit jeder neuen Dynastie durch neue Familien ergänzt, in dem Maße als das stärkere Element, wie sie, beim Herrschaftswechsel Zünglein an der Waage, Zugeständnisse erpreßten, welche die Macht der Krone weiter schwächten. Hinzu kam das politische Absinken der Städte; hier tritt im 12. Jahrhundert der vor-normannische Stadtadel kommunale Privilegien ab, erwirbt zunehmend Land in der Umgebung der Metro-

pole und verschmilzt mit den in die Stadt ziehenden Baronal-
familien bis um 1300 zu einer homogenen, auf ausgedehnte
feudale Besitzungen gestützten Elite, gegen die sich gewerblich
tätige Mittelschichten nicht durchzusetzen vermögen – zumal
nicht einheimische, sondern genuesische und florentinische
Firmen die wirklich lukrativen Geschäfte abwickeln.

Zu einer Elitenverquickung besonderer Art kommt es in
Neapel. Hatte hier das städtische Patriziat ursprünglich Einnahmen und Ansehen aus Ämtern im Dienste der Monarchie
gezogen, so nutzte es die unheilbare Schwäche der Anjou-
Dynastie ab Ende des 14. Jahrhunderts dazu, sich riesigen Le-
hensbesitz außerhalb der Stadt zuzulegen, auf diese Weise mit
dem eigentlichen Feudaladel zu verschmelzen und auf Jahrhunderte hinaus im für Außenstehende labyrinthisch undurch-
schaubaren Prestigegefüge am Fuße des Vesuvs Spitzenpositio-
nen zu besetzen.

In Sizilien ist der Niedergang der Monarchie noch früher
unumkehrbar. Hier verfällt die durch ausgedehnten Eigenbesitz, Verfügung über die wichtigsten Städte und über die Kirche
anfangs durchaus starke Stellung der aragonesischen Dynastie
in der ersten Hälfte des 14. Jahrhunderts rapide. Ursachen dieses politischen Erosionsprozesses sind die Aufhebung des normannischen Lehensverkaufs-Verbots, die zur Bildung ausge-
dehnter baronaler Territorien führt; der Krieg mit den Anjou in
Neapel, der Finanzen und Wirtschaft zerrüttet und ein Klima
der Gewalt, Hungersnot und einen Bevölkerungsrückgang
erzeugt; die Konflikte zwischen Einheimischen und den ein-
gewanderten Katalanen, die immer mehr Schlüsselstellungen
besetzen; und schließlich eine verfehlte kirchliche Politik der
Krone, die sich endzeitlich-häretischen Bewegungen ver-
schreibt. So bleiben im Süden die sozialen Hierarchien, aber
auch die entsprechenden Wert- und Lebensordnungen stärker
als der Staat – bis weit ins 19. Jahrhundert hinein.

Unterschichten: Lebenswelten und Mentalitäten

Im Alltag der Unterschichten, denen zwischen Spätmittelalter und dem 19. Jahrhundert drei Viertel bis vier Fünftel der Bevölkerung Italiens zuzurechnen sind, zeigen sich gleichfalls früh Unterschiede zwischen Nord und Süd, aber auch zum mittleren Europa. So war in Italien am Ende des 14. Jahrhunderts die rechtliche Bindung des Bauern an die Scholle mangels wirtschaftlichen Nutzens verschwunden. Im nördlichen und mittleren Italien waren Frondienste überwiegend in Naturalien- oder Geldleistungen umgewandelt worden. Was die im einzelnen ungemein facettenreiche Bewirtschaftung von Grund und Boden betrifft, so verläuft eine Trennlinie auch hier in etwa zwischen den heutigen Regionen Toskana und Latium. Im Süden wird der adelige Großgrundbesitz überwiegend von Tagelöhnern bestellt; für sie ist der Baron nicht nur Arbeitgeber, sondern zugleich Gerichtsherr, ja meist die einzige „Obrigkeit", mit der sie je zu tun haben. Alle (z. B. in Sizilien zwischen dem Ausgang des 16. und dem 18. Jahrhundert unternommenen) Versuche, durch Gründung neuer Dörfer und Landvergabe zu günstigen Langzeitkonditionen einen bodenständigen Bauernstand heranzubilden, bleiben ohne durchschlagenden Erfolg.

Andere, indirekte Abhängigkeiten herrschen in Ober- und Mittelitalien vor. Vor allem im Norden hat sich bäuerlicher Eigenbesitz erhalten, der sich allerdings meist auf den weniger ertragreichen Boden beschränkt. Die höherwertigen Flächen gehören überwiegend wohlhabenden Städtern, die finanzielle Reserven besitzen und daher der auf die laufenden Ernteerträge angewiesenen Landbevölkerung Geld vorstrecken – bei ländlichen Aufständen (nicht nur in Italien) brennen bis ins 19. Jahrhundert hinein zuerst die Schuldbücher der verhaßten Wucherer. Natürlich haben Bankiers und Notare ebensowenig wie Bischöfe und Mönche – im Süden besitzen kirchliche Institutionen oft mehr als die Hälfte des Bodens – den Pflug selbst gezogen.

Im Gegensatz zum Süden aber setzt sich in den wirtschaftlich dynamischeren Gegenden Italiens seit dem 13. Jahrhundert mit der *mezzadria* (Halbpacht) eine Nutzungsweise durch, die sich – schon von den Aufklärern als Anachronismus beklagt – in manchen Gegenden bis in die zweite Hälfte des 20. Jahrhunderts erhalten hat. Sie verpflichtete – bei vielen möglichen Varianten im einzelnen – den Pächter, die Hälfte der Ernteerträge an den Grundeigentümer abzuliefern, der wiederum meist die Hälfte des Saatgutes und, wenn sich die Pacht auf Weideland bezog, auch das Vieh stellte. Insgesamt dienten solche Kontrakte überwiegend den Interessen der begüterten Städter, die kaum Risiken eingingen – im Gegensatz zum Pächter (*mezzadro*), der, durch immer genauere Bewirtschaftungsvorschriften eingeengt, kaum Handlungsspielraum besaß und bei schlechten Ernten nicht einmal den Eigenbedarf zu decken vermochte, während der Verpächter gerade dann von stark gestiegenen Preisen profitierte.

Die drückendste der vielen Fesseln, die den *contado*, das abhängige Landgebiet, an die Stadt banden, aber war das ganz einseitig auf die Bedürfnisse der städtischen Unterschicht hin zugeschnittene Versorgungssystem. Diese gibt ihr „Budget" überall im vorindustriellen Europa ungefähr zur Hälfte für Brot aus. Durch diese einseitige Verteilung wird jede stärkere Brotteuerung zu einer Existenzkrise der Armen und die Brotversorgung zum neuralgischen Punkt innerer Politik. Die vorindustrielle Wirtschaft Europas im allgemeinen und die innere Stabilität der Städte im besonderen werden daher in hohem Maße von der Ergiebigkeit der Getreideernte bestimmt. Diese wiederum folgt einem nie genauer kalkulierbaren, langfristig aber durchaus regelmäßigen Krisenrhythmus. Die Faustrechnung frühneuzeitlicher Getreidebehörden lautet dementsprechend: im Durchschnitt alle zehn bis zwölf Jahre eine einschneidendere, alle zwei bis zweieinhalb Jahrzehnte eine (über)lebensgefährliche Getreideknappheit mit nachfolgender dramatischer Brotteuerung.

Vor diesen Wechselfällen aber sind die städtischen Unterschichten besser geschützt als die ländlichen – nach simpler Schadensabwägung der Behörden: Ein Hungeraufstand innerhalb der Stadtmauern war durch die schiere Ansammlung erbitterter Menschenmassen viel riskanter als einer auf dem Lande. So hat die Stadt alle rechtlichen Handhaben, Getreide abzuschöpfen, notfalls mit Gewalt. Auf dem Höhepunkt schwerer Krisen kommt es daher regelmäßig zum Hunger-Exodus vom Land in die Stadt – falls diese nicht ihre Tore schließt. Das enorme Bevölkerungswachstum der italienischen Städte, von denen vier – Venedig, Mailand, Genua und Florenz – um 1320 mindestens 100 000 Einwohner zählen, machte deshalb die Beherrschung eines ausgedehnten Landgürtels erforderlich, sofern man nicht wie die beiden Hafenstädte direkt an den Überseehandel angeschlossen war.

Stadt und Land sind nicht nur bei der Versorgung, sondern in vieler Hinsicht getrennte Welten. Dieses Gefälle aber ist abgestuft. Im näheren Umkreis der Metropole, da, wo seit dem 15. und 16. Jahrhundert die patrizischen Villen entstehen, fällt die Differenz noch am geringsten aus. Hier trifft man am ehesten die gewitzten Bauern des ‚Decamerone‘, die es an Schlagfertigkeit mit den Städtern aufnehmen, da sie mit ihnen eine Sprache sprechen. Hier ist das gesellschaftliche Spektrum zudem durch die Anwesenheit von Amtsträgern und Honoratioren relativ breit, wie wir uns überhaupt die ländliche Gesellschaft nicht als solidarisch-egalitären Mikrokosmos, sondern mit deutlich konturierten Besitz- und Prestige-Hierarchien vergegenwärtigen müssen.

Zur Peripherie, vor allem zu den (in Italien selten ganz fernen) Bergen, hin aber vertieft sich die Kluft zwischen Stadt und Land. In die abgelegeneren Gebirgstäler dringt die Stadt und später mit ihr der frühneuzeitliche Staat nur langsam und unvollkommen vor. Hier sind mit den Freiräumen auch die traditionellen ländlichen Mentalitäten am ausgeprägtesten – bis weit ins 20. Jahrhundert hinein, wie die unter dem Faschismus aus dem städtischen Norden in den ländlichen Süden verbannten Intellektuellen mit einer Mischung aus Mitleid, Faszination und Schauder feststellen sollten: Christus kam nur bis Eboli. Daß ein Großteil der Landbevölkerung einen Schluck Milch in der Fastenzeit für ein schlimmeres Vergehen als Totschlag hielt,

Religiosität sich hundert Kilometer vom Zentrum der katholischen Kirche entfernt weitgehend auf die Beherrschung magischer Abwehr- und Beschwörungsriten beschränkte, stellten, sehr zu ihrem Entsetzen, schon dreihundert Jahre zuvor die jesuitischen Missionare fest.

Diese volkstümliche Mentalität ist in einem guten halben Jahrtausend nicht völlig statisch; vor allem da, wo die Stadt nicht allzu fern ist, nimmt sie Veränderungen in der Elitenkultur auf, um diese eigenständig in ein eigenes Weltbild einzuschmelzen. Vom späten Mittelalter bis zur Französischen Revolution aber driften die Weltsicht und das Lebensgefühl der städtischen Ober- und der ländlichen Unterschichten stetig auseinander, in Italien vermutlich noch stärker als im übrigen Europa, bis es nur noch relativ geringe Gemeinsamkeiten gibt – mit ungewöhnlichen Folgen. So tun im 16. und 17. Jahrhundert italienische Inquisitoren und Obrigkeiten, oft genug im Gegensatz zu ihren mitteleuropäischen Kollegen, volkstümliche Anzeigen wegen Schadenszaubers von Hexen häufig als Aberglauben ab. Im Zeitalter der Französischen Revolution schließlich stehen sich Oben und Unten sprach- und verständnislos gegenüber – mit grausamen Folgen.

Der langsame politische und der raschere kulturelle Wandel hatten sich fast ausschließlich auf die Städte konzentriert, die ländlichen Gegenden hingegen waren die Verlierer der wirtschaftlichen Entwicklung seit dem 15. Jahrhundert. So ist man auf dem Land allein gelassen, auf sich gestellt, an Freiheiten gewöhnt, die der frühmoderne Staat Europas mit unterschiedlichem Erfolg einzudämmen bemüht ist: Blutrache und Selbstjustiz, weitgehende Freiheit vor Strafverfolgung, vor Besteuerung und Wehrdienst, Freiheit zu magischen Riten wie etwa gegen Hexen gerichteten weißen Zauber, Freiheiten, die noch im 19. Jahrhundert mit archaischer Gewalt verteidigt werden. Diese weitgehend in sich geschlossene ländliche Kultur der Peripherie ist ganz auf die vegetativen und menschlichen Fruchtbarkeitszyklen hin ausgerichtet und zugleich auf einem System von Protektion errichtet, in dem der Heilige, Spiegelbild irdischer Schutz- und Herrschaftsverhältnisse, die Rolle des Patrons für das Jenseits übernimmt und dafür ebenfalls Ergebenheit und Huldigung verlangt.

Die Weltsicht der einfachen Leute ist beharrend und vorbeugend handlungsorientiert, aber auch auf feste ethische Normen für Wirtschaft und Gesellschaft gegründet. Aus politischen und religiösen Vorstellungen unauflöslich verschmolzen, schreiben diese Regeln dem Herrscher die Erfüllung unverrückbar feststehender, unverjährbarer Pflichten vor, von denen die heiligste darin besteht, das Überleben der Armen gegen das eigennützige Profitstreben der Reichen, vor allem der Händler und Wucherer, zu sichern: Gehorsam gegen Schutz vor Hunger, so lautet der Kernpakt, der sich mit einigen Variablen auch auf das Verhältnis von Baron und Landbevölkerung im Süden übertragen läßt. Die Anziehungskraft dieses paternalistisch eingefärbten Schutz- und Treue-Bündnisses auf Gegenseitigkeit erklärt, daß dort viele ländliche Gemeinden adelige Lehensherrschaft als Schutz vor Ausbeutung durch Staat und Stadt betrachteten. Brüche dieses Paktes provozieren viele der nicht abreißenden ländlichen Revolten des Mezzogiorno. Das eigentliche Feindbild dieser in vielem archaischen Gesellschaft aber bildet auch im 19. Jahrhundert nicht der Baron, sondern der bürgerliche Pächter, Wucherer und Aufsteiger.

Gewalt

Auch in der Stadt des späten Mittelalters ist Gewalt allgegenwärtig, Gewalt zwischen Adel und *popolo*, zwischen Besitzlosen und Besitzenden, vor allem aber zwischen „Parteien", Interessenverbänden, Clans, Familien, Individuen. Zwischen dem 11. und 14. Jahrhundert bieten die nord- und mittelitalienischen Städte ein durch seine scheinbare Widersprüchlichkeit faszinierendes Schauspiel: die Geburt einer dynamischen Wirtschaft und einer reichen Kultur aus dem Schoß einer instabilen, gewalttätigen Gesellschaft und ebenso brüchiger politischer Strukturen. Die in den Kommunen ausgebildete Theorie des dem Gemeinnutz verpflichteten Zusammenlebens im Geiste christlicher Werte steht in unüberbrückbarem

Gegensatz zur epidemischen Unfriedfertigkeit innerhalb der Stadtmauern.

Dieser Kontrast spiegelt einen unlösbaren Konflikt der Normen wider, zwischen der Ehre des Hauses, die Schmach mit Blut abzuwaschen befiehlt, und der christlichen Ethik des Verzeihens. Welche Werte die stärkeren sind, ist unzweifelhaft. Auch geistliche Chronisten finden, salopp gesagt, nichts dabei, wenn Blutrache bis zur Vernichtung ganzer Geschlechter geübt wird.

Indizien für die Allgegenwart der Gewalt sind leicht zu sammeln. Zwischen dem 9. und 11. Jahrhundert sterben wenige venezianische Dogen eines natürlichen Todes. Fast überall gibt es zwei Klassen von Bürgern, die inner- und die unfreiwillig außerhalb der Stadtmauern Lebenden. Die exilierte Gemeinde aber findet, kann sie ihre Rückkehr erzwingen, ihre Häuser meist dem Erdboden gleichgemacht vor. Am eindrucksvollsten zeugen heute noch die Geschlechtertürme von S. Gimignano, geringer Rest der ursprünglichen Wehrbauten, von der inneren Selbstzerfleischung der Kommunen. Frontlinien schlagen sich bis heute im Stadtbild nachvollziehbar nieder, denn verbündete Clans wohnen meist zusammen, durch gemeinsame „Nutzung" der liebevoll mit Namen versehenen Stadtfestungen zusammengeschmiedet. Die Gewalt, die diese verkörpern, nimmt auch dann nicht ab, wenn „ideologisch" fixierbare Gegner aus nachrückenden Schichten, sei es Niederadel, sei es *popolo*, nicht mehr greifbar sind. Wenn keine realen Feinde mehr da sind, dann konstruiert man sich Feindbilder.

An die Macht gelangte Gruppierungen aber neigen zur Spaltung in rivalisierende Fraktionen, hinter denen sich regelmäßig die Umrisse von Familienverbänden abzeichnen. In Genua bilden als *alberghi* bezeichnete, mit gemeinsamem Namen, eigenen Symbolen, Kirchen, Quartieren und Verteidigungsbauten versehene Zusammenschlüsse verschiedener Geschlechter die Basiseinheiten einer unfriedfertigen Politik in einer wirtschaftlich prosperierenden Stadt.

Die Mittel, mit denen man die Gewalt einzudämmen versucht, spiegeln letztlich die Hilflosigkeit wider, mit der man ihr gegenübersteht. Eigene Räte und Amtsträger für den *popolo*, dessen Organisationen sich parallel zu denen der Kommune ausbilden und noch Jahrhunderte später, als diese Zweigleisigkeit längst keinen Sinn mehr macht, erhalten bleiben; Eide, Bußpredigten, Friedensküsse und -gelöbnisse, feierliche Neuanfänge, Verbannungen, Hinrichtungen: Das alles hilft nicht gegen die Gewalt, weil ihre Ursachen stets aufs neue erzeugt werden, setzt doch die jeweils herrschende „Partei" ihre Interessen unweigerlich mit denen der Kommune gleich und diskriminiert, schikaniert, drangsaliert ihre Gegner mit fiskalischen oder noch drakonischeren Mitteln. Chronisten des 13. und 14. Jahrhunderts machen als Hauptübeltäter oft altadelige Unruhestifter namhaft, durchaus nicht immer zu Recht; unter den in Florenz 1293 von den Ämtern ausgeschlossenen Magnaten fehlt es nicht an Vertretern des „fetten Volkes".

Freistaat kontra Tyrannis?

Schon für die Zeitgenossen leuchtendes Gegenbeispiel zu diesem düsteren Szenarium, ja für die europäische Staatstheorie bis zum Ende des 17. Jahrhunderts krönendes Beweisstück für die Leistungsfähigkeit der republikanischen Staatsform schlechthin ist Venedig. Hier hatte sich nach schweren Kämpfen ein Gleichgewicht zwischen Einzel- und Gruppenherrschaft, zwischen Dogen und Adel, eingestellt, das sich im 14. Jahrhundert, nach zwei von Dogen auf dem Schafott gebüßten Umsturzversuchen, zur immer solider abgesicherten Vorherrschaft der Patrizier über das Staatsoberhaupt wandelte. Obwohl mißtrauischsten Kontrollen seiner Außenbeziehungen, seiner Korrespondenz und seiner Besucher unterworfen, behält der Doge, als einziger auf Lebenszeit in den führenden Gremien vertreten, bis zum Ende der Serenissima 1797 vielfältige Chancen zu Einflußnahme und Klientelbildung, nicht aber zur Errichtung einer Einzelherrschaft.

Der venezianische Staatsmythos des 16. Jahrhunderts führt die Stabilität der Markus-Republik auf unerschütterliche Ergebenheit des einzelnen gegenüber der Republik, auf unverbrüchliche Gruppendisziplin und Patriotismus der Patrizier, auf deren patriarchalische Fürsorge für die unteren Schichten und damit letztlich auf Freiheit, Gerechtigkeit und Ausgewogenheit der an der Lagune herrschenden Gesellschafts- und Staatsordnung zurück. Reduziert man den Mythos auf seinen harten Kern, so erklärt sich die Gegenläufigkeit der venezianischen Entwicklung vor allem durch das unbestrittene Prestige der Führungsschicht und ein reich abgestuftes Repertoire an Ausgleichs- und Kompensationsmechanismen für die 97 Prozent der Bevölkerung, die ihr nicht angehören.

Zum einen sind nach der Serrata del Consiglio von 1297 bis 1311, der Schließung des Großen Rates als Basisorgan der Republik, die durch Alter, Ämtertraditionen und Reichtum dominierenden Clans der *nobili* als allein politikberechtigte Schicht definiert. Vornehmer Name aber schützte zum anderen nicht vor Armut. Da die Kluft zwischen reichen und armen Sippenzweigen im Gegenteil stetig zunimmt, steht ein beträchtlicher, am Ende der Republik zu einer Art unterstützungsbedürftigem aristokratischem Proletariat abgesunkener Teil des Adels den reichen *nobili* als käufliches Stimmvieh zur Verfügung, zugleich aber den mittleren oder gar unteren Schichten so nahe, daß er bei Bedarf die Stimme der Straße, besser der Kanäle, im Rat zu Gehör zu bringen vermag. Überdies ist die venezianische Führungsschicht noch nicht völlig abgeschlossen: 1381 werden in der Notlage des Krieges gegen Genua nochmals dreißig Familien gegen Geldzahlung aufgenommen, bis 1646 die letzten.

Hoch privilegiert und entsprechend an den Staat gebunden ist eine weitere schmale Gruppe, die der altansässigen *cittadini*, die die Ämter der Dogenkanzlei besetzt und die führende Rolle in der Verwaltung der *scuole grandi*, reich begüterter karitativer Institutionen, spielt – Jacopo Tintorettos Ausmalung der Scuola di S. Rocco preist im biblischen Gewand auch ihre Fürsorge und Effizienz. Das Prinzip der abgestuften Teilhabe an Vorrechten setzt sich nach unten fort, in Form von Selbstverwaltungs-Spielräumen, die wiederum Eigenständigkeits- und Freiheitsbewußtsein erzeugen.

Im übrigen Italien aber befindet sich die republikanische Ordnung im späten 14. Jahrhundert in der Defensive. Es ist ein posthumes Kompliment für die an Cicero ausgerichtete Beredsamkeit der beiden in Florenz Ende des 14., Anfang des 15. Jahrhunderts als Kanzler der Republik tätigen Humanisten Coluccio Salutati und Leonardo Bruni, daß bis heute Historiker und Politologen ihre Schwarzweiß-Zeichnung von republikanischer Freiheit und der Umkehrung aller Werte in der tyrannischen Gegenwelt der Einzelherrschaft für bare Münze nehmen. Der überwiegenden Einschätzung durch die Zeitgenossen, den sozialen und politischen Verhältnissen, vor allem der in Signorien herrschenden Atmosphäre aber wird diese seit Jacob Burckhardts ‚Kultur der Renaissance in Italien‘ (1860) ungemein wirkungsmächtige Dämonisierung des Signore keineswegs gerecht.

Viel eher ist das Erscheinen der Signorie ab Mitte des 13. Jahrhunderts, anfangs in noch wenig gefestigten, eher tastenden (Vor-)Formen, und ihr Siegeszug im 14. und 15. Jahrhundert aus den Defiziten der kommunalen Ordnung heraus erklärbar. Attraktive Alternative zu ihr wird der – häufig dem Adel der Region entstammende – Signore vor allem dadurch, daß er inneren Frieden verheißt. So stellt er sich in Bauten und Bildern auch dar: als die Verkörperung einer besseren, gerechteren politischen Welt, als väterlicher Friedensstifter, umsichtiger Sachwalter der Armen und als mit höchstem, antiker Heroen würdigem Kriegsruhm bedeckter Garant äußerer Unabhängigkeit und lokalen Stolzes. Bei seiner Herrschaftsausübung im wesentlichen an die Interessen der Oberschicht oder doch eines in ihr dominierenden Ausschnitts gebunden, ist der Signore, will er sich und seine Familie auf Dauer behaupten, jedoch ebenso darauf angewiesen, die Versorgungsansprüche der städtischen Unterschichten so wirksam wie zur jeweiligen Zeit möglich zu erfüllen.

Die von Burckhardt mit Faszination und Schauder so eindringlich beschriebenen und zu einem Gattungsmerkmal der italienischen „Tyrannenhäuser" erhobenen Familienfehden und -metzeleien dürften in diesen Kreisen kaum häufiger als in der Adelswelt Mitteleuropas vorkommen und sind zudem überwiegend strukturell bedingt, bot doch die Signorie wenig Chancen zur angemessenen Abfindung nachgeborener Söhne. Von einer dauernden Legitimationskrise der Einzelherrschaft aber kann keine Rede sein. Ob von den der endlosen Parteikämpfe müden Bürgern übertragen oder schlicht von mächtigen örtlichen Familien usurpiert und dann nachträglich sanktioniert: die Einzelherrschaft wird immer dann nicht nur hin-, sondern angenommen und in unbestrittene Erbfolge übergeführt, wenn Signori wie die Este in Ferrara, die Montefeltro in Urbino und die Gonzaga in Mantua auf lokale Traditionen und soziale Hierarchien Rücksicht nehmen und schließlich im Idealfall zur Verkörperung von Unabhängigkeit und Eigenständigkeit der Stadt werden. Zu dieser Akzeptanz trug nicht nur der soziale, sondern auch der politische Konservatismus der Signorie bei, die nicht nur keinen gesellschaftlichen Umsturz bewirkt, sondern auch den reich ausgebildeten Unterbau republikanischer Gremien und Institutionen, allerdings ihrer wesentlichen Kompetenzen beraubt, meist bestehen läßt.

Natürlich sollte man nicht von der Dämonisierung in die Idyllisierung verfallen. Denn auf der anderen Seite fehlt es nicht an Beispielen mißglückter Dynastiebildung, im 14. Jahrhundert etwa in Lucca, Genua und Pisa, wo sich die republikanische Staatsform schließlich zu behaupten vermag. Und auch dort, wo Signorien über Generationen hinweg verwurzelt sind, können Prestige und Loyalität verspielt werden. Das zeigt das Beispiel der della Scala im Verona des späten 14. Jahrhunderts, die nach Familienquerelen und äußeren Fehlschlägen nicht mehr als Garanten, sondern als Bedrohung des städtischen Wohlergehens angesehen werden und nach einer großen Geschichte ziemlich kläglich von der politischen Bühne abtreten.

Die Anziehungskraft der Signorie auf breitere Kreise läßt sich daran ermessen, daß auch scheinbar „ideologisch" gefestigte Republiken mit ihr liebäugeln. In Florenz kommt es mit der Vorherrschaft der Medici und ihrer „Partei" ab 1434 zu einer eigentümlichen Vermischung beider Formen; rein republikanisch ist jetzt nur noch die Fassade. Auch einem Giovanni II. Bentivoglio in Bologna und einem Pandolfo Petrucci in Siena fehlt Ende des 15. Jahrhunderts zum Signore wenig mehr als der Titel.

Beispiele: Mailand und die Visconti

Die unbestritten mächtigste, prestigeträchtigste und früh von – häufig schwarzen – Mythen umrankte Signorie Italiens im 14. Jahrhundert aber war die der Visconti in Mailand, die in den Diensten der dortigen Kirche emporgekommen und 1278 zu einer Vorform der Signorie aufgestiegen war. Die zwischenzeitlich verlorene Macht eroberte Matteo Visconti 1311 unter geschickter Ausnutzung des Italienzuges Kaiser Heinrichs VII. wieder zurück; die nachfolgenden, politisch meist sehr fähigen Generationen der Visconti geben sie nicht mehr ab. Sie überstehen nicht nur schwere Kämpfe mit dem Avignonesischen Papsttum, sondern werden durch ihre wirtschaftliche und diplomatische Potenz in der zweiten Hälfte des 14. Jahrhunderts, im Zeichen des zwischen England und Frankreich tobenden Hundertjährigen Krieges, sogar zu einer erstrangigen Größe europäischer Politik. Dabei ebnen Subsidien und Mitgiften den Visconti den Weg zur Verschwägerung mit europäischen Herrscherhäusern; aus einer dieser Eheschließungen mit der französischen Linie Orléans im Jahr 1389 leiten sich die folgenschweren, erst gut ein Jahrhundert später eingelösten Erbansprüche ab.

Die kollektive Einbildungskraft schon der Zeitgenossen haben am stärksten Bernabò (1323–1385) und der Sohn von dessen in Pavia erfolgreich regierendem Bruder Galeazzo II., Gian Galeazzo Visconti (1351–1402), beschäftigt, beide als Politiker überaus erfolgreich, aber von unterschiedlichem Temperament. Raunte man hinter vorgehaltener Hand von den sadistischen Neigungen des hochfahrenden Onkels, der eine vierzigtägige Spezialfolter ersonnen haben soll, so war der Neffe seiner Verstellungskünste wegen berühmt. Sie wurden schließlich sogar Bernabò zum Verhängnis, der sich von Gian Galeazzos sorgfältig aufgebautem Image des unbedarften Frömmlers täuschen ließ, seinen Neffen auf dessen fingierter Pilgerfahrt im Jahre 1385 nichtsahnend empfing – und den sehr kurzen Rest seines Lebens im Kerker verbrachte.

Trotz solcher machiavellistischer Episoden sollte man die Modernität des Visconti-Staates und damit der Signorie im 14. und 15. Jahrhundert allgemein nicht überschätzen. Burckhardts Konzept vom Staat als Kunstwerk, d. h. als perfekt auf die unumschränkte Macht des Fürsten abgestimmtes, reibungslos funktionierendes Räderwerk, aber auch neuere Modelle des kräftig zentralisierenden Renaissance-Staates werden der zugleich traditionelleren und komplexeren Wirklichkeit nicht gerecht. Denn trotz des die Finanzkraft fördernden Behördenausbaus ist die Visconti-Herrschaft von einer hierarchisch geschichteten, überlappungsfreien Verwaltungsgliederung weit entfernt.

Ihr stehen, selbst für einen so exemplarisch starken Herrscher wie Gian Galeazzo Visconti, meist dichtgedrängte Reihen altverbriefter Privilegien entgegen – Vorrechte von Städten, Schichten, Korporationen und Individuen, die zu bestätigen der Signore in der Regel nicht umhinkommt. Die Autorität und Loyalität, auf die Gian Galeazzo wirklich zählen kann, nimmt vom Zentrum zur Peripherie, von den alten zu den neuen Visconti-Territorien hin rapide ab, ist also in den im 14. Jahrhundert dazugewonnenen, im Osten bis Bergamo und Brescia, im Norden bis Como, im Westen bis Alessandria, Alba und Asti reichenden, im Süden Siena, Pisa, Perugia und Bologna umfassenden Gebieten viel schwächer ausgeprägt.

Daß hier die Herrschaftsakzeptanz von der Ausstrahlung einer überragenden Persönlichkeit, die man auf dem Weg zu einer (ober)italienischen Königskrone glaubte, aber auch von ganz pragmatischen Nutzen- und Schadensabwägungen abhing, zeigt sich daran, daß nach Gian Galeazzos plötzlichem Tod im September 1402 das Visconti-Territorium an den Rändern bedrohlich zu bröckeln beginnt und nie mehr die alte Größe erreicht. In solchen dynastischen Schwächeperioden nimmt zudem – Ausschlag des Pendels zur Gegenseite – Eigenständigkeit und Opposition der großen, vor allem im Norden des Herzogtums Mailand mächtigen Adeligen zu.

Die kühn ausgreifende, geradezu kaiserliche Machtvollkommenheit suggerierende Propaganda der Signori in Kunstwerken verdeckt sehr reale Abhängigkeiten. Im sehr viel graueren Alltag der konkreten Herrschaftsausübung ist der Signore im wesentlichen so stark wie seine Patronage; seine tatsächliche Machtstellung hängt davon ab, in welchem Maße sein durch Gnaden, Zugeständnisse, Privilegien aller Art geknüpftes Netzwerk nützlicher Beziehungen breitere Ausschnitte der Gesellschaft, vor allem der Oberschicht, an sich zu binden vermag. So wahrgenommen, stellt sich Einzelherrschaft als ein eher unheroisches, hohe Anforderungen stellendes, mühevolles Metier in den Mühlen des Alltags dar.

Unordnung und frühe Konsolidierung

Hält die eher durch souveränes Ausspielen der Gegner als durch spektakuläre militärische Siege bewerkstelligte Expansion des Visconti-Staates das politische Italien bis 1402 in Atem, so sind die nachfolgenden drei Jahrzehnte, grob sortiert, durch die Abfolge von Krisen und allmählicher Stabilisierung gekennzeichnet. Von der Schwäche Mailands nach 1402 profitierte vor allem die Republik Venedig, die 1405/06 mit Padua (durch Übertragung der Bürger, die der irrlichternden Signorie der da Carrara müde waren) und Verona erste wichtige Terraferma-Stützpunkte gewann. Ob diese Ausdehnung aufs italienische Festland den Interessen der im östlichen Mittelmeer u.a. Kreta und Zypern kontrollierenden Seemacht förderlich war, blieb unter den venezianischen Patriziern allerdings noch längere Zeit heiß umstritten. Nach Weichenstellungen unter dem Dogat Francesco Foscaris (1423–1457), einem der folgenreichsten der venezianischen Geschichte, aber wird die Serenissima für ein halbes Jahrhundert die stärkste Expansivkraft Italiens; auf ihre Eindämmung und Einbindung wird die italienische Diplomatie der Folgezeit in hohem Maße gerichtet sein.

Krisengebiete sind zu Beginn des 15. Jahrhunderts vor allem die südlichen Regionen. In den römischen Annalen ist die Zeit der Kirchenspaltung (1378–1417) mit düsteren Farben verzeichnet: streunende Wölfe in einer entvölkerten Stadt, habgierige Nepoten eines Papstes, der sich Prestige und Einkommen mit seinem Rivalen in Avignon, ab 1409 sogar mit einem dritten Konkurrenten teilen muß. Hinter ebenso unbestreitbarem wie übertriebenem Niedergang aber zeichnen sich Keime des Neuanfangs ab, hat doch der Neapolitaner Bonifaz IX. (1389–1404) mit der Entmachtung der römischen Kommune einen mehr als zweihundert Jahre eiternden Stachel aus dem Fleisch des Papsttums gezogen. Der vom Konstanzer Konzil gewählte und bald als einziges legitimes Oberhaupt der Kirche weitgehend anerkannte Papst Martin V. Colonna (1417–1431), mit dessen Einzug in die Ewige Stadt 1420 eine neue Epoche des Papsttums beginnt, und seine Nachfolger werden davon profitieren und bis zur Mitte des 16. Jahrhunderts die noch verbliebenen inneren Konkurrenten – Kardinäle, Hochadelclans, Signori und Republiken auf dem Boden des Kirchenstaates – weitgehend domestizieren. Allerdings erweist sich dieses neue, im Verhältnis zum übrigen Europa vorzeitige Machtgefüge, das dem Herrscher die eigentliche Souveränität, den Eliten aber ungebrochene lokale Autorität einräumt, in der Folgezeit als nur noch wenig veränderbar.

Länger halten Auflösung und Anarchie im Süden an, wo seit der Mitte des 14. Jahrhunderts rivalisierende Linien der Anjou, konkurrierende Hoffraktionen und Adelsverbände um die Macht kämpfen. Nach Stabilisierung unter Ladislao von Durazzo aus dem ungarischen Zweig der Anjou, der seit 1404 in den Kirchenstaat, 1413 sogar in die Toskana vorstößt, aber schon im Jahr darauf plötzlich stirbt, versinkt das festländische Süditalien nochmals für fast drei Jahrzehnte in ein Chaos aus Unruhen und Krieg, von dem letztlich die Barone auf Kosten der Zentralgewalt profitieren. Auch die neue Dynastie Aragón, die sich ab 1442 endgültig durchsetzt, wird in einer neuerlichen Stärkeperiode der Monarchie immer nur die Macht einzelner Adeliger, nie die des Adels als Schicht brechen können.

Mit aufgestiegen in diesen verschlungenen Kämpfen ist die Armee des aus bescheidenen Verhältnissen der Romagna stammenden Giacomo Attendolo, nach seinem (später zum Schlachtruf gewordenen) Spitznamen „Sforza" genannt. Mit zahlreichen Brüdern, Vettern, Neffen und mit noch mehr Söhnen gesegnet, vermag er seine Truppe als Familienunternehmen zu führen; sein Sohn Francesco Sforza, der seine Feuertaufe in den neapolitanischen Kriegen erlebte, wird als erfolgreicher Condottiere 1450 Herzog von Mailand – einer der ganz wenigen echten Parvenüs unter den Herrschern seiner Zeit.

In der nach Venedig, Mailand, Rom und Neapel fünften, politisch wie militärisch schwächsten, aber kuturell stärksten italienischen Großmacht Florenz regiert seit dem Ende des 13. Jahrhunderts eine nach unten teilweise durchlässige Oligarchie der Bankier- und Großhandelsgeschlechter. Dieses durch starken Wettbewerbsdruck geprägte System gerät in den 1420er Jahren in eine Existenzkrise, als dem um die Familie Albizzi gescharten, durch Ansehen und Ämtertraditionen hervorstechenden Führungskreis mit den Medici und ihrem Anhang ein ernstzunehmender Rivale erwächst. Der im Herbst 1434 errungene Sieg der Medici-Interessengruppe macht deutlich, welchen politischen Strukturen die Zukunft am Arno gehört: dem hierarchisch geordneten, von einem prestigeträchtigen Patron dominierten, auf die Kernfamilie konzentrierten, durch Verschwägerung abgestützten, durch Kredite weitgezogenen klientelären Verband – und damit dem Geld, das den Medici scheinbar unerschöpflich aus ihrer Bank, der größten und (bis etwa 1460) erfolgreichsten Europas, zufließt.

Im zweiten Viertel des 15. Jahrhunderts nimmt auf der Halbinsel somit ein – bis 1494 mehr oder weniger stabil behauptetes – Fünf-Mächte-System Gestalt an, in das die mittleren und kleineren politischen Gebilde vielfältig verwoben werden. Dieses System bildet den äußeren Rahmen für die Kultur der Renaissance in Italien.

III. Am Beginn der Neuzeit

Mehr als ein Jahrhundert historischer Forschung, vor allem in den Disziplinen Sozial-, Mentalitäts- und Kulturgeschichte, hat die für Jules Michelet und Jacob Burckhardt so markanten Konturen der Renaissance als stürmischer Phase kühnen, voraussetzungslosen Aufbruchs zu neuen Ufern, ja zu einem neuen Menschen weitgehend verwischt; das Bild sich ohne Rücksicht auf traditionelle Moralvorstellungen selbst verwirklichender skrupelloser „Renaissance"-Menschen atmet ganz überwiegend den Geist des Fin de siècle; es ist Phantasie-, Wunsch- und Gegenbild zu einer als einengend, verfremdend empfundenen Gegenwart. Statt dessen treten in Politik, Gesellschaft, Wirtschaft und vor allem im Bereich der Mentalitäten, der für breite Kreise verbindlichen Weltbilder, Kontinuitäten, fließende Übergänge, langsame Entwicklungen als hervorstechende Merkmale der Geschichte Italiens im 15. Jahrhundert hervor.

Dynamischerer Wandel ist in der begrenzten, aber weit ausstrahlenden Welt der Höfe und Eliten zu verzeichnen, wo Kunstpatronage, Mäzenatentum, ja die Inszenierung der höfischen Gesellschaft selbst in vorher nicht gekanntem Maße als Propaganda- bzw. Herrschaftsmittel eingesetzt und damit virtuelle Welten entworfen werden, die „moderner" sind als die zugrundeliegende Realität. Diese Entwicklungen, die Italien verstärkt ab dem zweiten Viertel des 15. Jahrhunderts und damit vor dem übrigen Europa vollzieht, ja ihm modellhaft vorzeichnet, sind mehr als ein „Überbau-Phänomen", vielmehr selbst eine erste Etappe frühneuzeitlicher Staatlichkeit.

Wirtschaftsblüte oder Wirtschaftskrise?

Die lange heftig umstrittene Frage, ob die Kultur der Renaissance vor dem Hintergrund ökonomischer Blüte oder Krise zu sehen ist, hat Differenzierungen Platz gemacht. So sind die Schrumpfungssymptome gegenüber dem Jahrhundert des Aufschwungs von 1240 bis 1340 unübersehbar, in dem italienische

Bankiers in Europa eine beherrschende Rolle spielen. Vor allem am englischen Hof nutzen sie ihre Position als Finanziers und Steuereinzieher dazu, britische Wolle als Rohmaterial für die Weiterverarbeitung in Italien kostengünstig zu exportieren, mit schwerwiegenden Folgen, als diese Vorrangstellung, nicht nur in England, zu Beginn des 14. Jahrhunderts verlorengeht, billige Wolle und herrscherliche Zinszahlungen jetzt ausbleiben. Für den verheerenden Zusammenbruch der großen Handelsgesellschaften in den Jahren vor der Großen Pest von 1347/48 ist dieses auswärtige Desaster jedoch nur einer von mehreren Gründen; schon vorher stößt die gewerbliche Produktion nach langer Expansion an Grenzen.

Zu Beginn des 14. Jahrhunderts dürfte die florentinische Wollmanufaktur sechsmal soviel erzeugt haben wie um 1500. Die Herstellung war dezentralisiert, wechselte von der Stadt aufs Land, um am Ende in die Metropole zurückzukehren. Dort nämlich schöpfte am Ende der Großhändler, dem die Zunftordnungen unumschränkte Verfügungsgewalt gegenüber Wollschlägern und Kämmern einräumten, den Löwenanteil des Gewinns ab. Auch wenn man Unterschiede zwischen Regionen und Verlagerungen, etwa zur Seidenherstellung, berücksichtigt, bleibt summarisch für die Textilproduktion, Italiens bei weitem wichtigsten Gewerbezweig, im 15. Jahrhundert im besten Fall Stabilisierung nach langer Talfahrt zu bilanzieren. Nach dem Zusammenbruch infolge der politisch-militärischen Katastrophen in den ersten drei Jahrzehnten des 16. Jahrhunderts wird dann vor der finalen Krise noch ein Silbernes Zeitalter heraufziehen.

Auch die größten Banken des 15. Jahrhunderts erreichen mit ihren europäischen Filialen und ihrem Geschäftsvolumen nicht die Statur ihrer Vorgänger. War bei der Kreditvergabe an Herrscher, wie die traumatischen Erfahrungen der florentinischen Kompanien in England und der Verlust der Medici-Bank beim Schlachtentod Karls des Kühnen von Burgund 1477 belegen, ein gewisses Restrisiko nie auszuschließen, so verstärkt sich dieses Ungleichgewicht zu Lasten der Geldgeber, je mehr sich im Laufe des 15. Jahrhunderts die politischen Verhältnisse nach innen und außen festigen. Dadurch wird das Metier des Bankiers von der Gunst der Mächtigen abhängiger. Während die Medici als Generaldepositare der Päpste Anfang des 15. Jahrhunderts aus ihrer geschäftlichen Tätigkeit auch politisches Kapital zu schlagen vermochten, sind ihre Nachfolger im 16. Jahrhundert überwiegend ausführende Organe herrscherlichen Willens.

Die Kultur der Renaissance in Italien ist also weder überwiegend Wohlstands- noch ausschließlich Krisenphänomen. Überhaupt ist nach Jahrzehnten der „Konjunkturgläubigkeit" erhöhtes Augenmerk darauf zu richten, wie wirtschaftliche Entwicklungen, vor allem rückläufige, politisch und mental bewältigt werden: Wie und auf wen werden Verluste abgewälzt? Gerade hier zeigt sich die unauflösliche Verzahnung von Wirtschaft und Politik. Denn die im 15. Jahrhundert etablierten Führungsschichten legen, vor allem durch das Herrschaftsmittel Steuerpolitik, die Lasten zum einen auf das von der Stadt abhängige Landgebiet, zum anderen auf die mittleren und unteren Schichten um. Diese wurden durch die auf Konsumgüter erhobenen Abgaben, reguläre Hauptfinanzquelle der Kommunen, unverhältnismäßig hart getroffen. Hier waren die kleinen Einzelherrschaften oft im Vorteil, vermochten doch als Condottiere, d. h. Söldnerführer in Diensten größerer Mächte, erfolgreiche Signori wie etwa Federico da Montefeltro (1422–1482) durch ihre hohen Gehälter die Besteuerung ihrer Untertanen niedrig zu halten – als Lohn winkte der Nimbus des guten Herrschers.

Insgesamt aber stehen im 15. Jahrhundert als politische Folgen der wirtschaftlichen Entwicklung Polarisierungen zu Buche: zwischen Stadt und Land, zwischen Ober- und Mittelschicht. Sehr schmale Oberschichten aber können sich an der Spitze sozialer Pyramiden mit sehr breitem Unterbau nur behaupten, wenn sie verstärkt soziales Prestige und damit eine Aura der Unantastbarkeit gewinnen. Gerade weil sich der Abstand in Lebensstil und Weltsicht zur Mittelschicht vergrößerte, waren die Eliten auf immer eindrucksvollere Zurschaustellung ihres Status angewiesen – eine erste ursächliche Querverbindung zwischen Wirtschaft, Gesellschaft und intensiver Kunstpatronage.

Alle Versuche, Stilentwicklung unmittelbar spiegelbildlich zur politischen und sozialen Geschichte zu erfassen, sind gescheitert. So geht die für Florenz um 1425 aufgestellte, verführerische Gleichung nicht auf, wonach zweckrational Verlust und Gewinn abwägende „Handelskapitalisten" moderne, d. h. im neuen Renaissancestil zentralperspektivisch-übersichtlich aufgebaute Bilder, die alten, rückwärts gewandten Eliten hingegen spätgotische Kunstwerke bevorzugen. Ebensowenig lassen sich Parallelen zwischen Stil und Ereignisgeschichte ziehen – fällt Raffaels Ausmalung der vatikanischen Stanzen mit ihrer Botschaft alles umfassender Harmonie zwischen Mensch, Gott und Natur wie die „Hochrenaissance" als Ganze doch gerade in die Jahrzehnte des Oberitalien verwüstenden Kampfes um Mailand. Ebenso bedeutet die Plünderung Roms durch kaiserliche Truppen im Jahre 1527 keineswegs die vielbeschworene Zäsur, geschweige denn das Ende der „Renaissance", sondern die Ausbreitung eines in Rom entwickelten neuen Stils über ganz Italien. Diese manieristische Richtung mit ihrem vielberufenen Verlust von Mitte und Gleichgewicht wiederum wird zur repräsentativen Kunst einer langandauernden Friedenszeit. Stilentwicklungen nach den generationsspezifischen Erfahrungen von Künstlern zu erklären ist kaum weniger problematisch – zu unterschiedlich verarbeiten in ein und derselben Zeit verschiedene Individuen in verschiedenen Gegenden verschiedene Eindrücke. Das Verhältnis von soziopolitischer und kultureller Geschichte ist aus anderem Blickwinkel in Augenschein zu nehmen.

Allianzen, Kriege, „Pax Hispanica"

Der seit dem zweiten Viertel des 15. Jahrhunderts voranschreitende Konsolidierungsprozeß der italienischen Staatenlandschaft findet 1450 seine Fortsetzung, als nach dem Aussterben der Visconti in der männlichen Hauptlinie und einer kurzlebigen Ambrosianischen Republik der Condottiere Francesco

Sforza vor illustren europäischen Mitbewerbern den Sieg im Kampf um das Herzogtum Mailand davonträgt. Daß es zu diesem Zeitpunkt noch gelang, die Nachfolge eines französischen, kaiserlichen oder savoyischen Prinzen in der lombardischen Metropole zu verhindern, spiegelt weit weniger eine gesamtitalienische Solidarität als vielmehr die – noch – eher schwache Position der fremden Prätendenten wider. Fiktion geworden war damit zugleich der in politischen Glaubensbekenntnissen beschworene republikanische Schulterschluß zwischen Venedig und Florenz; statt dessen wird jetzt die pragmatische, durch Kredite an den erfolgreichen Condottiere begründete Allianz zwischen Medici und Sforza zu einer Hauptachse der italienischen Politik.

Überhaupt hatte die Stunde kunstvoll verflochtener Bündnissysteme geschlagen. Die in Lodi 1454 getroffene Einigung Venedigs und Mailands über Grenzen und Einflußzonen nämlich erweitert sich zur vom Papst am 2. März 1455 feierlich zelebrierten Italienischen Liga. Sie soll – nicht einmal zwei Jahre nach der Eroberung Konstantinopels durch die Osmanen – der Abwehr fremder Mächte, vor allem aber einer friedlichen Austragung inneritalienischer Konflikte dienen. Obwohl in diesem Kernpunkt Wunsch und Wirklichkeit schnell auseinanderklaffen, ist der von Lodi ausgehende Appell an das Einheits- und Verantwortungsbewußtsein der politisch ausschlaggebenden Kreise als moralisch-politischer Imperativ nicht zu unterschätzen.

Zugleich ist der Friedensschluß ein aufschlußreiches Dokument zur Macht- und Prestigegewichtung auf der Halbinsel. Jede der fünf Vormächte brachte nämlich ihre unmittelbaren Verbündeten, weitere Alliierte und schließlich ihre Schutzbefohlenen in die Liga ein. Hinter den Allianzsträngen von Lodi treten allerdings wie im Gegenlicht auch künftige Konfliktlinien hervor. Spannungsherde lagen in der Romagna, wo venezianische und päpstliche Interessen aufeinandertrafen. Stein des Anstoßes waren aus römischer Sicht die notorisch aufsässigen Signori in Städten wie Rimini, Faenza und Forlì. Ihre Entmachtung kommt erst zu Beginn des 16. Jahrhunderts, vor allem durch die Feldzüge des Papstsohnes Cesare Borgia, zum Abschluß. Sie wird von spektakulären Episoden begleitet, die Liebhaber des historischen Kriminalromans bis heute entzükken; Machiavelli hat sie im siebten Buch seines Buchs vom Fürsten so originell wie historisch anfechtbar analysiert. Unter päpstlicher Lehenshoheit überleben nur die Einzelherrschaften der Este in Ferrara und der della Rovere in Urbino. In Bologna vermag das in der Folgezeit weiter oligarchisch verengte Patriziat unter der Oberhoheit des Papstes, die nach 1512 im Namen eines Kardinallegaten ausgeübt wird, weitgehende lokale Autonomie zu bewahren.

Einen weiteren Unruhe- und Unsicherheitsfaktor der Jahrzehnte nach Lodi bildet eine innere Eigengesetzlichkeit des päpstlichen Herrschaftssystems: der Nepotismus. Seit Jahrhunderten in unterschiedlicher Ausprägung und Intensität praktiziert, verletzt die Förderung der Papstverwandten seit dem Pontifikat Sixtus' IV. (1471–1484) bislang mehr oder weniger eingehaltene Normen, die eine angemessene, d.h. patrizischen Standards entsprechende Ausstattung von Angehörigen nicht nur billigen, sondern sogar zur Pflicht der *pietas*, der Dankabstattung und Fürsorge, erheben. Sixtus aber ernennt statt des bisher üblichen einen Kardinalnepoten sechs Purpurträger aus seiner unmittelbaren Verwandtschaft. Noch gravierender: durch seine von wenig Skrupeln belasteten Bemühungen, seinem Neffen Girolamo Riario ein Herrschaftsgebiet in Imola und Forlì zu verschaffen, leitet er die bis zur Mitte des 16. Jahrhunderts dauernde Phase des territorialen Nepotismus ein. Durch das 1498/99 geschlossene Bündnis Cesare Borgias mit Frankreich dringt das Bestreben der Päpste, ihren Verwandten eigene Staaten zu verschaffen, auf die Bühne der großen europäischen Politik vor, auf der es trotz aller Reformen und Eindämmungen bis zur Mitte des 17. Jahrhunderts immer wieder sporadisch erscheinen wird. Für das Ansehen der Kurie fraglos verhängnisvoll, wirkt die intensive Förderung der Papstverwandten innerhalb des Kirchenstaates indirekt und unbeabsichtigt als Motor staatlicher Konsolidierung – schwächt sie doch die Stellung der alten Eliten nachhaltig und auf Dauer.

Das Endziel, die Bildung einer regierenden Dynastie, erreichen nur zwei Papstfamilien: die della Rovere, unauffällig, als
Erben der Montefeltro; die Farnese, sehr viel spektakulärer,
nämlich dadurch, daß Paul III. Farnese seinem Sohn Pierluigi
1545 die Herzogtümer Parma und Piacenza übertrug. Diesen
Besitz vermögen die Farnese, am Anfang mühsam genug, gegen
Kaiser und spätere Päpste bis zu ihrem Aussterben 1731 zu ver-
teidigen. Das von den dynastischen Ambitionen eines Papstes
geschaffene politische Gebilde lebt im 18. Jahrhundert unter
einer Nebenlinie der Bourbonen fort und findet danach als
Faustpfand europäischer Kabinettspolitik Verwendung – die
Geburt Giuseppe Verdis bei Parma anno 1813 wird in französischer Sprache beurkundet. Über die politischen Verwicklun-
gen hinaus dürfte der päpstliche Nepotismus, im konservativen
Zeitklima überwiegend als Usurpation von Macht und Status
durch verdienstlose Parvenüs gebrandmarkt, in einer sehr
schmalen intellektuellen Elite die Überzeugung gefördert haben, daß Religion primär, wenn nicht ausschließlich, ein zu
sehr irdischen Zwecken eingesetztes Herrschaftsmittel ist.

Für den Verlust der politischen Selbstbestimmung Italiens ab
1494 aber sind außeritalienische Entwicklungen ausschlaggebend, die im seiner kulturellen Überlegenheit sicheren Italien
nicht mit der ihnen gebührenden Aufmerksamkeit wahrgenommen werden. In Frankreich und Spanien nämlich hatten zu
Beginn der 1490er Jahre innere Konsolidierungsprozesse ein
politisch-militärisches Potential bereitgestellt, das, für die zer-
splitterte italienische Staatenwelt bedrohlich, seit langem erhobene Erbansprüche einzulösen gestattete. In Frankreich war
die Monarchie, seit dem Untergang des Herzogs von Burgund
1477 ihres schärfsten Konkurrenten ledig, durch Aussterben
von Seitenlinien und Heimfall von deren Apanagen bedeutend
gestärkt. In Spanien war durch die Vereinigung der Königrei-
che Aragón und Kastilien und mit dem Ende der letzten mauri-
schen Herrschaft in Granada 1492 gleichfalls die Voraussetzung für kraftvolle Intervention in Italien geschaffen.

Zugleich waren in den beiden davon unmittelbar betrof-
fenen Staaten, in Mailand und in Neapel, innere Krisensym-

ptome unübersehbar, am deutlichsten im Süden. Hier hatte Alfons I. (1442–1458) nicht nur für die Dauer seiner Regierungszeit das seit mehr als anderthalb Jahrhunderten eigenständige Sizilien, sehr zu dessen Leidwesen, mit Neapel „wiedervereint", sondern darüber hinaus das Prestige der Krone, nicht zuletzt durch geschickte, ein „italianisiertes" Erscheinungsbild der neuen aragonesischen Dynastie verbreitende Kulturpolitik, gestärkt. Auf der anderen Seite hatte auch er, wie alle „Eroberer" im Süden, Zugeständnisse an die Barone machen müssen. Gegen deren Macht vermochten sich seine immer schwächeren Nachfolger, so im Baronenkrieg 1485/86, immer mühsamer zu behaupten. Die Vizekönige, die den Süden nach dem Sieg Spaniens über Frankreich 1503/04 im Namen ihrer Krone regierten, waren klug genug, die Dominanz des Adels auf dem Land unangetastet zu lassen.

Obwohl formell nur mit einem Petitionsrecht ausgestattet, agiert als Gralshüter der Eliteninteressen in Sizilien das Parlament, dem Vertreter der baronalen, kirchlichen und städtischen Führungsschicht angehören. Dem – bequem nach unten abzuwälzenden – fiskalischen Heißhunger der Kolonialmacht Spanien gegenüber relativ entgegenkommend, fungiert das Parlament insgesamt als Bollwerk, an dem sich alle Reformwellen brechen. Erst in Napoleonischer Zeit wird unter britischer Ägide eine wundersame (aber nicht dauerhafte) Verwandlung stattfinden: der Umbau des uralten sizilianischen Ständeparlaments nach liberalem englischem Vorbild – Westminster in Palermo.

Komplexer und kontrastreicher stellt sich die Situation in Mailand dar, auf das weder Frankreich noch Spanien ihre – 1450 erfolglosen – Ansprüche begraben haben. Eine repräsentative Elitenbefragung nach der mächtigsten Sippe im Lande hätte um 1490 mit einiger Sicherheit die Sforza auf Platz eins ergeben – regieren sie doch nicht nur in Mailand, sondern auch in kleineren Territorien wie Pesaro und stellen an der Kurie mit dem Kardinal-Vizekanzler Ascanio Maria Sforza den zweitmächtigsten Mann nach dem Papst. Und doch ist schon anderthalb Jahrzehnte später die Größe der Sforza Schall und Rauch.

Das zu den französischen Invasionen von 1494 und 1499 führende diplomatische Vabanquespiel, in hohem Maße durch das Auseinanderbrechen der Achse Mailand-Florenz-Neapel verursacht, ist nur eine von mehreren Ursachen für ihren Sturz, dem innere Schwächung vorausgeht. Prestigeträchtige Verschwägerungen mit den Este, den Aragón und den Habsburgern sowie ein glanzvoller Hof, dessen Feste kein geringerer als Leonardo da Vinci, ab 1482 Kriegs- und Zivilingenieur in Mailand, arrangiert, vermögen die Krisensymptome nicht zu überdecken. Schatten liegen über der Legitimität Ludovicos (1451–1508), genannt il Moro, der den nominell regierenden Herzog Gian Galeazzo (1469–94), seinen Neffen, de facto entmachtete; Schatten aber auch über der Loyalität der mailändischen Oberschicht, die durch die Patronage des Herrschers immer weniger eingebunden, geschweige denn geeint werden konnte. Breitere Kreise ziehen die französischen Eroberer mit einem probaten Rezept, der Verheißung von Steuererleichterungen, auf ihre Seite.

Seinen formellen Abschluß findet der 1499 mit dem Zug Ludwigs XII. von Frankreich eröffnete Kampf um Mailand erst sechzig Jahre später mit dem Frieden von Cateau-Cambrésis, der die Herrschaft Spaniens in der Lombardei, ja allgemein die territoriale Ordnung Italiens für anderthalb Jahrhunderte im wesentlichen besiegelt. Zuvor hatte sich drei Jahrzehnte lang das Herrschaftskarussell in Mailand rasend schnell gedreht: 1499/1500 bis 1512 waren die Franzosen, dann die Eidgenossen, 1515 bis 1521 und 1524/25 wiederum die Franzosen, zwischendrin und danach die Spanier an der Macht, die genau wie die Schweizer einen letzten Sforza-Herzog schattenhaft auf fürstlicher Bühne agieren ließen.

Natürlich blieb die spanische Machtstellung nicht ohne Auswirkungen auf die übrigen Staaten Italiens. Unmittelbar ausschlaggebend wurde sie für Florenz, wo spanische Truppen 1530 einer letzten, endzeitlich radikalisierten Mittelstands-Republik nach langer Belagerung ein Ende machten und wo 1531 bzw. 1537 von spanischen Gnaden ein Medici-Herzog erhoben wurde. Strikte Loyalität zu Spanien, dem er als Statthalter in den Niederlanden diente, schließlich brachte Herzog Emanuele Filiberto 1559 die (territorial vorerst noch unvollständige) Wiederherstellung des savoyisch-piemontesischen Staates ein, der, ab 1470 durch dynastische Krisen, Adelsopposition und Autonomiebestrebungen der Städte geschwächt, in den Stürmen der Großmachtkämpfe um Norditalien bis auf geringe Reste abgetragen worden war. Mit dem 1563 zurückgewonnenen und zielstrebig zur Hauptstadt ausgebauten Turin erhält er ein neues Zentrum, durch das die savoyische Dynastie nach Italien hineinwächst.

Auch die bislang expansivste der italienischen Mächte, die Republik Venedig, erfuhr in der ersten Hälfte des 16. Jahrhunderts schwere Rückschläge, die sie zur Neuorientierung zwangen. 1509 bei Agnadello von einer Koalition des Kaisers, Frankreichs, Spaniens und des Papstes besiegt, vermochte die Serenissima diese Allianz zwar durch Zugeständnisse an Rom und Spanien zu sprengen und ihren verlorenen Festlandbesitz durch geschickte Verhandlungen zurückzugewinnen, doch verlagerte sich danach die venezianische Politik in Italien langfristig auf die Bewahrung des Status quo durch diplomatische Mittel, zumal das Vordringen der Türken im östlichen Mittelmeer seit dem 15. Jahrhundert die Kräfte der – wirtschaftlich durch die Erschließung der Seewege nach Asien geschwächten – Republik absorbierte.

Der wirkungsmächtige, mit manchen Ablegern in kollektive Geschichtsbilder der Gegenwart hineinreichende Risorgimento-Mythos eines im Würgegriff spanischer Umklammerung ab der Mitte des 16. Jahrhunderts seines Gewerbefleißes, seiner freien Kultur und seiner politischen Selbständigkeit beraubten Italien dämonisiert das Papsttum als eigensüchtigen Erfüllungsgehilfen dieses Frevels am Nationalgeist. Solche Schuldzuweisungen entbehren schon deshalb nicht der Ironie, weil gerade das Papsttum, nicht ohne national-patriotische Propagandatöne, als Vorkämpfer italienischer Selbstbestimmung gegen französische oder spanische Hegemonie auftrat: Julius II. (1503–1513) durch die Vertreibung der Franzosen mit Hilfe der Schweizer, Klemens VII. 1526 durch die gegen Karl V.

gerichtete, in den Sacco di Roma mündende Liga von Cognac und noch Paul IV. (1555–1559) durch einen donquichottischen Krieg gegen Spanien. Auch wenn in den nachfolgenden Jahrzehnten der spanische Einfluß an der Kurie stark war, ein Abhängigkeits-, geschweige denn Hörigkeitsverhältnis entwickelte sich nicht.

Der großen Legende entspricht die kleine: Von der bis heute gerne nachgeschriebenen Erpressung Roms durch sizilianisches Getreide, das in Zeiten der Hungersnot erst nach politischen Zugeständnissen des Papstes freigegeben worden sein soll, findet sich in den Quellen keine Spur. Italien ist im 16. und 17. Jahrhundert kein besetztes Land; mit dem Wiedererstarken Frankreichs unter Heinrich IV. (1589–1610) bietet sich für die verbliebenen italienischen Staaten die Chance, die Großmächte gegeneinander auszuspielen. Vor allem aber bedeutet die spanische Herrschaft im Norden wie im Süden den Austausch der obersten Machtebene, aber keine einschneidende Veränderung darunter.

Beispiele: Musterhöfe

Für Herrscher und Eliten der kleineren Staaten waren die Jahrzehnte nach 1494 eine Zeit des Existenzkampfes – Steigerung einer potentiell auch vorher stets gegenwärtigen Bedrohung. Eingeklemmt zwischen die Großmächte, hatten gerade die kleineren Signorien seit dem 14. Jahrhundert Überlebensstrategien, eine Art Staatsklugheit aus der Defensive, entwickeln müssen. Wechselten sie von der Selbstbehauptung zur Expansion über, setzten sie regelmäßig den Bestand ihres Staates aufs Spiel. Ebenso vital wie auf Anlehnung an mächtigere Verbündete angewiesen, war rascher und zuverlässiger Informationsfluß vonnöten. In ihrem Auftrag redigieren Agenten in politischen Zentren wie Rom sogenannte *avvisi*, vom Klatsch bis zu Haupt- und Staatsaktionen alles Wissenswerte verzeichnende ferne Vorläufer späterer Zeitungen. Vollendet entwickelt finden wir das System der Überlebensregeln am Hof der Gonzaga in Mantua.

Herren eines Territoriums ohne nennenswertes Gewerbe, ohne größere finanzielle Ressourcen, mit einer Hauptstadt von bescheidener Ausdehnung, mußten die Gonzaga – 1328 bezeichnenderweise von einer stärkeren Macht, dem Veroneser Stadtherrn Cangrande della Scala, in den Sattel gehoben – im 14. Jahrhundert vor allem die Einverleibung durch das übermächtige Mailand der Visconti verhindern, was durch eine Liga mit Florenz, Ferrara und Bologna mühsam genug gelang. In der ersten Hälfte des 15. Jahrhunderts suchten die Gonzaga diesen Schutz durch Condottiere-Tätigkeit für Venedig, das an der Erhaltung ihres Staates gegen Mailand interessiert war und ihnen gewissermaßen als Treue- und Erfolgsprämie kleine Gebietserweiterungen zugestand.

Solddienste sind für die kleineren Signori geradezu ein Pflichtpensum. Sie bringen aristokratisches Prestige ein, bahnen Schutzverhältnisse an und halten den Steuerdruck im eigenen Territorium niedrig. Herausragendes Beispiel dafür ist der als Truppenführer sehr angesehene Gianfrancesco Gonzaga (1395–1444), der drei weitere erfolgversprechende Strategien entwickelt. Zum einen verheiratet er seinen Sohn und Nachfolger Ludovico II. (1414–1478) mit Barbara von Brandenburg, Tochter eines deutschen Kurfürsten, eine Allianz, die für die keineswegs altadeligen Gonzaga einen beträchtlichen Prestigezuwachs bedeutet; zum anderen kauft er 1433 für viel Geld von Kaiser Sigismund den erblichen Titel eines Markgrafen, was seiner Dynastie die Aura reichsrechtlicher Legitimität verleiht. Und drittens begründet er mit der Berufung des weithin berühmten Humanisten und Pädagogen Vittorino da Feltre den Ruf Mantuas als Pflanzstätte kulturell verfeinerter aristokratischer Lebensform, an der künftige Herrscher und Eliten ritterliche und humanistische Fähig- und Fertigkeiten, Unterricht im Fechten und in lateinischer Rhetorik und damit einen zunehmend unverzichtbaren höfischen Schliff gleichermaßen vollendet vermittelt bekommen – für die Gonzaga günstige Gelegenheit zur Anbahnung langanhaltender nützlicher Beziehungen. Mit seinen kühneren Unternehmungen läßt Gianfrancesco zugleich den kleineren Signorien gezogene Grenzen aufscheinen. Seine späteren Versuche, Verona und Vicenza von seinem alten Auftraggeber Venedig zu erobern, kosten ihn einige territoriale Neuerwerbungen.

Das strategische Spektrum des Vaters wird von Ludovico II. um zielstrebig betriebenes Mäzenatentum erweitert, das vor allem mit dem Namen des Hofmalers Andrea Mantegna (um 1431–1506) verknüpft ist. Mantegna lebt und arbeitet fast ein halbes Jahrhundert in Mantua, und zwar, trotz seiner dauernden Klagen, zu sehr lukrativen Bedingungen, die es ihm erlauben, auch für auswärtige Besteller zu malen. Mit den Fresken der Camera degli Sposi (1474) im riesigen Stadtschloß der Gonzaga zu Mantua hat er ein Bild Ludovicos, seiner Familie und seines Hofes geschaffen, das, sorgfältig erwogen und gezielt zusammengesetzt, als „Image" der Dynastie in Italien – und damit auch als ein im weitesten Sinne „politischer" Faktor – angesprochen werden darf. Patriarchalische bzw. – angesichts der keineswegs untergeordneten Position Barbaras von Brandenburg – matriarchalische Jovialität im Umgang mit den Untergebenen, familiäre Einigkeit und Harmonie, gelassene Selbstbeherrschung und Affektzügelung, Sinn für Selbstironie und souveräne Heiterkeit, Würdigung von Verdienst und Talent – alle diese Elemente verdichten sich zu einer Atmosphäre adeliger Geselligkeit und Menschlichkeit. Strategie und Erfolgsindikator zugleich ist, daß die Gonzaga 1461 mit Ludovicos Sohn Francesco ihren ersten Familienkardinal zu stellen vermochten, eine in der Folgezeit regelmäßig erneuerte Präsenz im Senat der Kirche. Zwei Jahre zuvor konnte sich Mantua als Austragungsort eines von Papst Pius II. zwecks Organisation eines Türkenzuges betriebenen Fürstenkongresses profilieren – auch das ein Mittel, den Gonzaga-Hof als Stätte des Ausgleichs und der Harmonie, als unverzichtbare Institution Italiens in den Köpfen zu verankern.

Wurde unter der Regierung Francescos II. (1466–1519) das Mäzenatentum der Gonzaga von seiner Frau Isabella d'Este mit genau berechneten Außenwirkungen fortgeführt, so versuchte der Marchese selbst, als Condottiere seinen Staat durch die bedrohlichen Zeitläufe nach 1494 zu steuern. Nach höchst riskanten Parteiwechseln – 1516 zog Francesco unfreiwillig, nämlich als Geisel, an den französischen Hof – gerade noch rechtzeitig auf der Seite des Siegers, d. h. Spaniens, behaupten die Gonzaga bis zu ihrem Aussterben 1708 die Herrschaft in einer Stadt, deren Symbol sie längst geworden sind.

Im großen parallel, im einzelnen variantenreich fällt die Geschichte von Erfolg, Bedrohung und Überleben der Este in Ferrara und der Montefeltro in Urbino aus. Unverwechselbar, da mit dem spezifischen soziopolitischen Hintergrund der Dynastie unauflösbar verwoben, ist auch die Selbstdarstellung der Herrscher. So wuchern die Este mit dem propagandistischen Pfund ihrer unvergleichbar vornehmen feudaladeligen Abkunft, am intensivsten in den 1469/70 entstandenen Fresken des Palazzo Schifanoia in Ferrara, die mit Szenen der Jagd und ländlichen Belustigungen ein bewußt archaisierendes Ambiente aristokratischer Lebens- und patriarchalischer Herrschaftsform entwerfen. Den Rang Ferraras als europäisches Bildungszentrum haben die Este vor allem durch systematische Förderung der Universität begründet.

In Urbino wiederum hatte Federico da Montefeltro (1422–1482) Feldherrenruhm mit dem Prestige humanistischer Bildung und dem Ruf des guten christlichen Herrschers zu verschmelzen vermocht. Der Hof seines bis zur Bewegungsunfähigkeit gebrechlichen Sohnes Guidobaldo (1472–1508) wurde durch Baldassare Castigliones (1528 gedrucktes) Buch ‚Del cortegiano‘ (Vom Hofmann) über die notwendigerweise prosaischere Wirklichkeit hinaus zum Modell einer adeligen Menschengemeinschaft erhoben, in der wohlgeborenen Zöglingen nicht nur vielseitige klassische Bildung, sondern auch Initiation in gesellschaftlich verwertbare Künste wie Musizieren, Tanz und Dialogführung zuteil wird. Damit zeichnet sich ein neues Ideal des allen Lebenssituationen gewachsenen, allseitig verwendbaren und durch Nutzen unverzichtbaren Höflings ab, dem Bildung zum Instrument des gesellschaftlichen Fortkommens wie der Selbstbehauptung auf dem glatten Parkett des Hofes gerät.

Dieser Hof aber wird zur Bühne, auf der sich der Herrscher

in einem immer exklusiver abgesteckten Rahmen in zunehmend ritualisierten Formen bewegt, zur Mehrung seines Prestiges nach innen und außen. Herrscherlicher Selbstdarstellung, nicht als Selbstzweck, sondern als Intensivierung von Herrschaftsansprüchen, ansatzweise auch schon als Kontrolle von Eliten durch Zwang zu Präsenz und Aufwand, ist die kostspielige räumliche und personale Ausgestaltung der fürstlichen Umgebung in höherem Maße verpflichtet als Verwaltungszwecken. Noch heute zeugen in kleineren Residenzen wie Carpi oder Vigevano grandiose steinerne Kulissen von dieser permanenten höfischen Inszenierung. Eingerahmt vom überdimensionalen gemalten Sforza-Wappen, überkrönt, überlagert, überwacht von der gewaltigen, durch eine überdachte Straße mit der darunter liegenden Stadt verbundenen herzoglichen Residenz, spiegelt die mit ihren Bogengängen unter den Palästen der führenden Familien vollendet ausgewogen gestaltete Piazza ducale Vigevanos das In-sich-Ruhen eines ebenso harmonisch wie hierarchisch gefügten, nach dem Willen des Signore geschaffenen Mikrokosmos, in dem der Herrscher seine Macht jeden Tag aufs neue auszuschreiten und zu zelebrieren vermag.

Allerdings können sich repräsentative und administrative Aufgaben im Falle renommierter – mit hohen Gehältern und Vergünstigungen an- und oft auch abgeworbener – Humanisten und Juristen auch überschneiden. Ihre Einbindung in den Hof kann auf diese Weise zur Symbiose zwecks wechselseitiger Mehrung persönlichen Prestiges werden, sinnfällig noch im Tod: Wie Ruhmes-Satelliten sollten die Sarkophage bekannter Gelehrter das Mausoleum Sigismondo Malatestas, des Herrn von Rimini, in der (unvollendet umgebauten) Kirche von S. Francesco umkreisen. Doch läßt sich diese Affinität von Geist und Macht auch aus dem Selbstverständnis der humanistischen Kultur ableiten, die die Bildungswelt Italiens am tiefsten und dauerhaftesten geprägt hat: Die Förderung von Begabung und Tugend ist in humanistischen Augen hervorstechendes Merkmal des legitimen Herrschers schlechthin.

Herrscher und Humanisten

Die humanistische Wiederaneignung der antiken Kultur, ihrer Sprache und Textgattungen, beginnt mit Francesco Petrarca (1304–1374) im Gefühl der Unerreichbarkeit eines leuchtenden Vorbildes und daraus folgender abgrundtiefer Unterlegenheit, mit der die christliche Erlösungsgewißheit eigentümlich kontrastiert. Dieses Epigonenbewußtsein aber macht in den nachfolgenden Generationen immer selbstbewußteren Haltungen Platz; die Humanisten des 15. Jahrhunderts sehen sich im Wettstreit mit der Antike, den sie in der Arena der Grammatik, Rhetorik, Geschichtsschreibung, Moralphilosophie und Poesie austragen, keineswegs mehr chancenlos.

Parallel zu diesem stetig steigenden Selbstbewußtsein wird eine tiefenschärfere Wahrnehmung geschichtlicher Prozesse gewonnen, die, exemplarisch in Lorenzo Vallas Widerlegung der Konstantinischen Schenkung (1440), jetzt als umfassender Prozeß des Wandels wahrgenommen werden. Er erfaßt Sprache, Recht und Weltsichten gleichermaßen: Daß dieselben Wörter zu verschiedenen Zeiten verschiedene Dinge bedeuten, ist die intellektuelle Keimzelle von Vallas erregtem Anklagetext, der den durch eine angebliche Übertragung des Kaisers Konstantin untermauerten Anspruch der Päpste auf politische Oberhoheit über das Kaisertum und auf die Herrschaft über Rom nicht nur als Fälschung, sondern als Herabwürdigung der Antike schlechthin bekämpft. Am Ende des 15. Jahrhunderts haben sich die sieghaften Töne vollends durchgesetzt. Nicht mehr demütige Wiederannäherung an ein unübertreffliches Ideal, sondern Vollendung und Weiterführung, ja Krönung der antiken Kultur in einem Goldenen Zeitalter, dessen Morgendämmerung eben anhebt – so lauten jetzt hochgespannte Erwartungen.

Ihre Einlösung brachte Herrscheraufgaben mit sich, welche die Humanisten den Fürsten ihrer Zeit vorzuhalten nicht müde wurden: die Pflicht zu gezielter Förderung der Talentierten und Tugendhaften, zu Großzügigkeit und Großartigkeit in Auftreten und Hofhaltung. Durch Antikisierung von Schlüsselbegriffen, ja selbst von Namen die historische Realität der eigenen Zeit nicht selten verunklärend oder gar verzerrend, läßt humanistische Geschichtsschreibung dafür Werte und Weltsicht ihrer Autoren ganz rein hervortreten: Herrschaft als Anleitung zu einem tugendhafteren Leben in einer durch gegenseitigen Nutzen vervollkommneten Gesellschaft, in der jeder durch Verdienst emporzukommen vermag.

Gerade im damit eng verbundenen moralphilosophischen Bereich hat der Humanismus Grundprägungen der italienischen Bildungswelt auf Dauer vorgenommen: eine tiefverwurzelte Abneigung gegen verwickelte, als wirklichkeitsfremde Haarspaltereien verworfene theologische Dispute, ausgeprägte Antipathie gegen die klösterliche Lebensform als parasitäre Weltflucht, statt dessen eine praktische Ausrichtung der Philosophie, die mit gesundem Menschenverstand auch ohne dogmatische Quisquilien ein zugleich gottgefälliges und dem Mitmenschen förderliches Lebensideal aufzuzeigen vermag. Zunehmende Freiheit im Umgang mit dem philosophischen Systemangebot der Antike findet in den Synthesen ihre Entsprechung, die die Weisheit des Altertums, vor allem ab etwa 1460 die Kernelemente der platonischen Philosophie, mit der Lehre des Christentums zu harmonisieren versuchen, ohne dabei dessen Anspruch auf letztgültige Offenbarung des göttlichen Heilsplanes in Frage zu stellen.

Zugleich hat der Humanismus das Bild der eigenen Nation und ihrer Gegenwelt für eine Bildungselite auf Jahrhunderte hinaus geformt. Reichen dessen Grundbestandteile – zivilisierte städtische Lebensform, bürgerliche Gesittung und Entwicklungsfähigkeit – weit ins Mittelalter zurück, so werden sie jetzt durch antike Einkleidung und Einfügung in einen gesamtgeschichtlichen Zusammenhang machtvoll ausgebaut. Daß die, siehe Tacitus, barbarisch-animalischen Rohvölker Germaniens die wenigen Ansätze von Kultur, die sie bei wohlwollender Betrachtung aufweisen, einzig und allein dem römisch-italienischen Prometheus verdanken, wird seit Poggio Bracciolini über die Alpen nach Norden schallen und dort heftige humanistische Gegenreaktionen hervorbringen: Für Conrad Celtis

(1459–1508) haben die Deutschen ihre überlegene Kultur nicht von den Römern, sondern von keltischen Druiden erhalten, die unmittelbar aus dem reinsten Born Griechenlands schöpften ...

Beispiele: Florenz und die Medici

In den Augen seiner führenden Humanisten ein neues Athen am Arno und lichte Gegenwelt zur finsteren Tyrannis der Einzelherrschaft, weist Florenz im 15. Jahrhundert doch einen den Signorien verwandten Grundzug auf: ausgeprägten Bedarf an visueller Propaganda, an anschaulichen Herrschafts- und Statuszeichen. Kunstwerke als Medium im weitesten Sinne politischer Botschaften stützen von Anfang an die Versuche der Medici, ihre 1434 errungene, überwiegend indirekte, inoffizielle Machtstellung hinter republikanischer Fassade und Ideologie auf ein festeres Fundament zu stellen.

Imagebildung und Werbung in Kunstwerken aber betreiben auch die führenden Familien der aus ungefähr dreihundert Geschlechtern bestehenden Oberschicht. Sie betrachten eine sortierende, moderierende, sozialen Aufstieg strikt kanalisierende und damit die Elite festigende und abgrenzende Vorrangstellung der Medici als nützlich, sind aber keineswegs geneigt, ihnen noch mehr Macht, geschweige denn eine fürstliche Herrschaft zu übertragen. In diesem komplexen Wechselspiel unvereinbarer Ansprüche und Bestrebungen, in diesem stets labilen Gefüge rivalisierender Ideen und Strategien, in diesem doppelbödigen, doppeldeutigen Ambiente verdeckender Ideologien und ihrer Demaskierung gedeiht die Kultur der Renaissance in Florenz – in einem Milieu der Kontraste, aber – trotz aller Krisen und Gefährdungen – auch und vor allem in einem Klima geordneter Konkurrenz in einer von den Werthaltungen breitester Kreise her konservativen Gesellschaft.

Als Herrschaftsmittel in den Händen der Medici sollen Bauten, Bilder und Statuen einen gleitenden, gewissermaßen schmerzlosen Übergang in eine andere, weniger offene Republik (an)bahnen. An der Spitze einer eng verfugten, auf Verwandtschaft und Verschwägerung gegründeten, durch Geld, Aufträge und Protektion aller Art weit ausgedehnten Interessengruppe über ihre Gegner siegreich, mußten die Medici unter der unumstrittenen Führung des als Bankier und Politiker gleichermaßen erfolgreichen Cosimo (1389–1464) entschlossen an die Umformung von politischen Strukturen und politischen Mentalitäten gehen, wenn sie diese Macht auf längere Zeit behaupten wollten.

Die dabei leitende Zielvorstellung war klar umrissen: Entscheidungen von Belang nur noch in möglichst schmalen Gremien mit vertrauenswürdigen Mitgliedern vornehmen zu lassen und damit den – in der aus Wahl und Los kompliziert gemischten florentinischen Verfassung gewichtigen – Faktor Zufall auszuschalten. Den dazu nötigen Eingriff nahm man schnell und gezielt vor, nämlich bei den Beutelfüllern, den *accoppiatori*. Sie erfahren jetzt einen schwindelerregenden Bedeutungszuwachs. Vorher schlicht damit betraut, die – regelmäßig auf dem sogenannten *squittino* revidierten – Namen aller Florentiner, die für die im Abstand von zwei Monaten rotierende Stadtregierung wählbar waren, auf Lederbeutel (*borse*) zu verteilen, aus denen dann die Amtsinhaber gelost wurden, korrigieren sie jetzt massiv das Schicksal. Denn sie füllen nur noch die Namen genehmer Kandidaten in die *borse* – eine Probe auf Ergebenheit und Vertrauenswürdigkeit, die nur noch etwa ein Dreißigstel aller Kandidaten bestand.

Das war eine Revolution im Lederbeutel. Ihr Erfolg oder Mißerfolg hing davon ab, in welchem Maße das durch ein ausgewogenes „Ich gebe, damit du gibst" zusammengehaltene Netzwerk der Medici-Partei mit den Interessen der Oberschicht als Ganzer oder doch mit deren repräsentativem Ausschnitt zu verschmelzen vermochte. Diese Vereinigung schreitet im nächsten halben Jahrhundert voran, doch bleiben Konflikte dabei nicht aus. Dann kommt es regelmäßig zur Wiedereinrichtung der unsortierten Republik – ein ebenso nostalgischer wie letztlich steriler Akt der Wiederherstellung unhaltbarer Zustände, der die Konzeptionslosigkeit der Opposition freilegt.

Ganz anders die Medici: Langfristig und mit manchen Rückschlägen nähert sich unter ihrer Vorherrschaft die Republik ihrer Idealformel „Wenige Vertraute in engen Gremien" an, ohne ihr völlig zu entsprechen.

Ab Anfang der 1480er Jahre vereint der neu geschaffene Rat der Siebzig eine Führungsgruppe, von der etwa ein Dutzend den innersten Kreis der Macht bilden. Zusammengeführt aber sind deren Fäden beim Chef des Hauses Medici, bei Cosimo 1434 bis 1464, seinem gichtkranken Sohn Piero im Jahrfünft danach und bei dessen Ältestem Lorenzo von 1469 bis 1492. Ohne eigens für sie eingerichtetes Amt, bestimmen sie dennoch, im modernen Politikjargon ausgedrückt, die Richtlinien der Politik, allerdings indirekt, durch Plazierung ihrer Vertrauten in Schlüsselpositionen: ein zeitraubendes, aufreibendes Geschäft, nachzulesen in vielen tausend von Lorenzo verfaßten Briefen. Größeren Handlungsspielraum hatte er nach außen, wo ihm die Republik die Führung der diplomatischen Geschäfte und damit eine weidlich genutzte Gelegenheit zum Prestigegewinn überließ.

Lorenzos Stellung hat schon für kritische Zeitgenossen zutiefst ambivalente Züge. Offiziell wenig mehr als erster Mann in einer Republik, gewinnt er durch seine charismatische Persönlichkeit, durch zielgerichtete Patronage, vor allem aber durch gesamtitalienisches Prestige eine Statur, die die republikanischen Institutionen nicht nur zu überragen, sondern zu überschatten beginnt. Daß trotz allen äußeren Glanzes – mit dem der gleichzeitige Niedergang der Medici-Bank, der Zugriffe auf die kommunalen Finanzen erforderlich machte, eigentümlich kontrastiert – und persönlichen Ansehens Lorenzos die Stellung der Medici alles andere als gefestigt, sondern weiterhin in hohem Maße erfolgsabhängig war, zeigt sich in der Vertreibung seines Sohnes Piero nur zwei Jahre nach seinem Tod. Piero hatte, ganz im Gegensatz zu seinem Vater, die führenden Familien nicht geeint, sondern verprellt. Gerade weil die Macht der Medici letztlich daran geknüpft war, in welchem Maße sie ihre Rolle als Moderatoren und Privilegienwahrer der Oberschicht auszufüllen vermochten, mußten langfristig angelegte Strategien darauf abzielen, sie dieser Unwägbarkeiten zu entheben.

Die Selbstbehauptung der Medici im Exil nach 1494; ihre Rückkehr im Gefolge eines spanischen Heeres achtzehn Jahre später, das dem *governo largo*, der neben dem Patriziat den Mittelstand als politikfähige Schicht einbeziehenden „breiten", aber chronisch uneinigen Republik, ein Ende bereitete; ihre definitive Rückführung nach der wiederum von einer spanischen Armee niedergerungenen radikal endzeitlichen Republik von 1527/30; die Einsetzung Cosimos aus der jüngeren Medici-Linie als Herzog nach der Ermordung seines Vorgängers Alessandro im Januar 1537: diese imponierende Serie politischer Comebacks nach scheinbar ausweglosen Krisen macht eindrucksvoll deutlich, daß die Medici außerhalb von Florenz mehr galten als innerhalb, nämlich als unverzichtbarer Stabilisierungsfaktor italienischer Politik angesehen wurden. Dieses für die Einrichtung ihrer Herrschaft auf Dauer ausschlaggebende Renommee wird durch Heiratsallianzen mit führenden Hochadelsfamilien wie den römischen Orsini, vor allem aber dadurch bestätigt und vermehrt, daß Lorenzos Zweitgeborener Giovanni 1489 Kardinal wird und so während der Zeit des Exils eine zweite Machtbasis am Tiber aufzubauen vermag; sein sprichwörtliches Glück führt ihn 1513 als Leo X. auf den Stuhl Petri und verschafft den Medici und ihren engsten Vertrauten freien Zugang zu kurialen Posten und Pfründen.

Daß das politische Italien im Gegensatz zur politischen Elite von Florenz die Medici als Fürsten im Bürgergewande sah, ist in hohem Maße auf die Bilder zurückzuführen, welche die Medici von sich lancierten. Sie erweisen sich von Anfang an als doppelgesichtig. In andauernder Gratwanderung zwischen republikanischen Normen und kühn ausgreifenden Projizierungen künftiger Familiengröße entwerfen sie das Bild einer zwar die Regeln des Freistaates respektierenden, aber von der Vorsehung zu höheren Geschicken bestimmten Dynastie, unter deren segensreicher Herrschaft die Geschichte von Florenz ihre Erfüllung erleben wird. Den mit virtuellen Waffen geführten Kampf um Prestige haben die übrigen führenden Familien aufgenommen. Sie führen ihn vorsichtig, aber intensiv und mit klaren Zielvorstellungen: durch eigene Bauten, Statuen und Bilder in der Prestige-Skala nahe an den Medici zu bleiben. Einen uneinholbaren Vorsprung gewinnen diese erst, als ihre Macht ab 1537 in fürstlichen Formen gesichert ist und ihnen damit uneingeschränkte Propaganda-Hoheit zufällt. Die Riesenfresken des Palazzo vecchio stellen jetzt florentinische Geschichte von Beginn an als Erwartung der heilbringenden Medici-Sippe dar, unter deren Herrschaft sich das hohe Geschick der Stadt glanzvoll erfüllt.

Gerade das Zwielicht, in dem sich die Mächtigen am Arno so lange bewegen, mußte die Unterscheidung von Schein und Sein, den Nutzen von Simulation und Täuschung, die Verschleierung wahrer Motive hinter ideologischen Fassaden hervortreten und damit ein ausgeprägtes Interesse an der Demaskierung der tatsächlichen Mechanismen und Gesetzmäßigkeiten der Macht aufkommen lassen. Durch Nachdenken über Politik und Geschichte wird Florenz vom zweiten bis vierten Jahrzehnt des 16. Jahrhunderts die intellektuelle Hauptstadt Europas. Orientiert der als praktischer Politiker allenfalls mäßig erfolgreiche Florentiner Niccolò Machiavelli (1469–1527) alle politischen Regeln am Erfolg und koppelt sie damit von der traditionellen christlichen Moral radikal ab, so stößt der Florentiner Patrizier Francesco Guicciardini als Historiker nicht weniger in geistiges Neuland vor. Er entdeckt Geschichte als Totalverwandlung, als Aufbruch ins Unbekannte – und zieht damit einen sehr persönlichen Schlußstrich unter die weiterhin vorherrschende Vorstellung von der Geschichte als Lehrmeisterin des Lebens und unter humanistischen Selbstgestaltungsoptimismus. Machiavellis Briefpartner Francesco Vettori (1474–1539) schließlich bilanziert, darin Spiegelbild des Florentiner Patriziats, das sich mit dem Medici-Prinzipat arrangiert und sich dadurch auf Jahrhunderte soziale und administrative Schlüsselpositionen sichert, restlos desillusioniert die Erkenntnis aus dem Reigen der Regime am Arno: In jeder Staatsform dominiert der krasse Eigennutz von Gruppen und Individuen; möge jeder sehen, wo er bleibt. Die Nachfolger dieser großen Drei aber werden Staatsräson und Christentum zusammenfügen, und zwar durch eine Klammer besonderer Art: durch das Gewissen, das es dem christlichen Herrscher erlaubt, den Menschen von innen heraus zu lenken.

IV. Im konfessionellen Zeitalter

Kirche, Konzil, Kultur

Mit der bilderschänderischen Übermalung von Michelangelos ‚Jüngstem Gericht' und dem erzwungenen Widerruf Galileo Galileis 1633 bricht für die zornigen jungen Männer des Risorgimento die von blutigen Blitzen fahl erhellte Nacht der Nationalgeschichte an. In ihren Augen sind der Künstler und der Physiker letzte Geistesriesen im titanischen Ringen um Gedankenfreiheit, die unter den vereinten Schlägen Spaniens und des Papsttums trotz heroischen Widerstandes zugrunde geht und einer schmählichen Servilität weicht. Sie wird der Nation jetzt mit Feuer und Schwert von einer selbst wiederum dem Monarchen in Madrid hörigen, gegenreformatorisch fanatisierten kirchlichen Hierarchie eingetrieben, die Italien bis zur Taubheit vom geistigen Blutkreislauf Europas abschnürt – ein untergründig bis heute wirkungsmächtiger Mythos.

Die europäische Kirchen- und speziell Kurienkritik hatte seit der Mitte des 15. Jahrhunderts, im Ton stetig gesteigert, Entsittlichung und Verweltlichung des Papsttums, vor allem Pfründenhandel, Ämterverkauf, Behördenausbau, Gebührenwucher und mondäne Hofhaltung angeprangert. Schon bei dieser Diagnose, noch mehr bei der Wahl der Therapie, d. h. in ihrem Verständnis von Reform, schieden sich die Geister. Der Kurie verbundene Humanisten wurden nicht müde, eine effiziente kirchliche Zentralverwaltung als im Interesse der Gläubigen selbst und eine prächtig auftretende, in prunkvoll ausgestatteten Kirchen in bezwingenden Riten machtvoll ihres Amtes waltende Kirche als psychologische Notwendigkeit für ein augenverliebtes Zeitalter, als zeitgemäße, nämlich mit starken sinnlichen Eindrücken zum Glauben führende Seelenfischerei zu rechtfertigen. Ein Zurückschrauben der kirchlichen Verhältnisse auf den asketischen Standard der apostolischen Zeit wäre angesichts in anderthalb Jahrtausenden gewandelter Mentalitäten ein kontraproduktiver, Seelen verprellender Anachronismus. Im humanistischen Sinne bedeutete Kirchenreform die Standardisierung und Einschärfung von Normen, keine theologische Neuorientierung.

Die verschiedentlich einberufenen Reformkommissionen und auch das von 1512 bis 1517 tagende V. Laterankonzil brachten moralische Appelle und Absichtserklärungen, aber keine Lösung der drängenden, eng miteinander verflochtenen Probleme der europäischen Kirche hervor. Völlig ungeregelt blieb die Ausbildung der Priester, nicht selten eine Art Lehrzeit zwecks Auswendiglernens von Formeln und Riten; die in den höheren Reihen des Klerus stetig zunehmende Abwesenheit der Amtsinhaber vom ihnen zugewiesenen Wirkungsort führte zur Bestellung von miserabel bezahlten Vikaren, über deren geringe Eignung die Klagen nicht verstummen wollten. Zum Problem wurde die Residenz nicht zuletzt durch den Pfründen-Pluralismus: Spitzenreiter in Italien brachten es auf dreizehn Bistümer gleichzeitig. Und sie sammelten mehr als sechzig Kommenden, d. h. Klöster, deren Einnahmen nicht mehr den Mönchen, sondern dem sogenannten Kommendatar-Abt zuflossen – eine Einrichtung zur standesgemäßen Versorgung von Kurialen, welche die monastische Kultur Italiens seit dem 15. Jahrhundert schwer getroffen hat (und andererseits dazu führte, daß, im Gegensatz etwa zu Süddeutschland oder Österreich, in Italien viele Klosterkirchen mangels Geld nicht barock umgebaut wurden).

Vor diesem Hintergrund entfaltet sich nun, durch die Kriege und Krisen seit 1494 vertieft, eine von sozial überwiegend hochgestellten, in lockeren Zirkeln zusammengeschlossenen Laien wie Klerikern gleichermaßen getragene „evangelikale" Reformbewegung, die, humanistisch geprägt, undogmatische Frömmigkeit mit karitativem Tätigkeitsdrang, dem Streben nach sittlicher Besserung und oft auch mystischer Innerlichkeit verbindet. Einzelne Übereinstimmungen mit Aussagen der Reformation – Rechtfertigung durch den Glauben, Ablehnung der Werkgerechtigkeit und des aufgeblähten kirchlichen Heilsapparates – vermögen tiefe Unvereinbarkeiten im Welt-, Menschen- und Kirchenbild nicht zu überdecken. So steht die reformatorische Lehre von der Prädestination, von der Vorherbestimmung des Menschen zu Erlösung oder Verdammnis, aber auch das Luthersche *sola scriptura*, die Rückstufung der kirchlichen Tradition im Verhältnis zur Bibel, dem humanistischen Erziehungsgedanken bzw. der humanistischen Hochschätzung der Textüberlieferung entgegen.

Entsprechend schwer hatten es die Italien um die Mitte des 16. Jahrhunderts verlassenden Glaubensflüchtlinge mit den Glaubenswächtern ihrer reformierten Exilorte; sie machten, oft genug schmerzhaft, die Erfahrung, daß die Zeit relativer religiöser Duldsamkeit zu Ende und statt dessen eine Epoche angebrochen war, in der Kirche und Staat so rigoros wie nie zuvor Rechtgläubigkeit einforderten. Dieser Entwicklung fielen in Italien nicht nur die evangelikalen Kreise, sondern auch die reformierten Gemeinden zum Opfer, die sich, oft mit stark ausgeprägter endzeitlicher Erwartung und politisch oppositionell, vor allem in Siena, Lucca, Modena und Ferrara gebildet hatten.

Der Wandel der Kirche von einem eher lockeren Zusammenschluß zahlreicher weitgehend autonomer Körperschaften zu einer straffer, hierarchischer gegliederten und schärfer überwachenden Organisation vollzieht sich in mehreren Schritten ab etwa 1540. Zum einen erarbeitete das 1545 einberufene, mit langen Unterbrechungen bis 1563 tagende Konzil von Trient nicht nur klare dogmatische Abgrenzungen zu den verschiedenen Richtungen der Reformation, sondern auch weitreichende kirchliche Reformmaßnahmen. Dem ihnen zugrundeliegenden neuen Ideal des durch innerweltliche Askese und seelsorgerischen Eifer ausgezeichneten Kirchenfürsten entsprechen seit dem Pontifikat Pauls III. (1534–1549) keineswegs alle, aber doch immer mehr der neu ernannten Kardinäle. Und schließlich wird 1542 die römische Zentralinquisition begründet. Die Öffnung ihres – vorher nur handverlesenen Historikern zugänglichen – Archivs 1997/98 zeigte schlaglichtartig, wie lebenskräftig, ja ideologische Identität stiftend der um sie gerankte schwarze Mythos bis heute geblieben ist.

Eine angemessene, d. h. mit zeitgenössischen Kategorien vorgenommene Bewertung von Rolle und Funktion der Inquisition im Italien des 16. und 17. Jahrhunderts muß auf einer Reihe von Vergleichen beruhen. Zum einen ist Glaubenskontrolle nach vorherrschender europäischer Zeitauffassung Heilserwerb sichernde Herrscherpflicht. Zum anderen hebt sich die gerichtliche Praxis der Inquisition von der weltlichen Justiz eher vorteilhaft ab: durch die Prüfung von Denunziationen, durch die Wahrung der Rechte des Angeklagten, durch meist moderate Dosierung der Folter und überwiegend maßvolle, erst bei Rückfälligkeit harte Urteile. Hier hat die Inquisition einen Vorsprung auf dem noch weiten Weg zum Rechtsstaatlichkeitsverständnis der Aufklärung. Das Sacrum Officium, so ein vorläufiges Fazit, sammelt mit unersättlichem Faktenhunger Daten aller Art, interessiert sich für fast alles, ist aber alles andere als allgegenwärtig im Alltag, also keine Terrorinstanz mit Tentakelarmen.

Unbestreitbar hat sich die nachtridentinische Kirche um eine stärkere Reglementierung volkstümlicher religiöser Praxis bemüht, sie war bestrebt, Elemente zurückzudrängen, die in den Augen der Elitenkultur als Aberglaube ausgewiesen waren: fetischhafte Verehrung von Bildern, Kult zweifelhafter Heiliger, „wilde" Wallfahrten. Gerade an dieser Front aber stößt die kirchliche Reform in Italien schon Ende des 16. Jahrhunderts an – von Reformern heftig beklagte – Grenzen, um danach einen weitgehenden Rückzug anzutreten, d.h., sich auf die Bekämpfung angemaßter Heiligkeit und ähnliche Grenzüberschreitungen zu beschränken. Von einer Unterdrückung traditioneller Volkskultur durch Feuer und Schwert der „gegenreformatorischen" Kirche kann keine Rede sein, nicht einmal von einem konsequenten Versuch einer solchen Überwältigung, der zudem die Machtmittel von Kirche und Staat in dieser Zeit bei weitem überstiegen hätte.

Daß die Einschärfung von Rechtgläubigkeit, wie sie in Europa ab der Mitte des 16. Jahrhunderts zur Regel wird, Individuen auf Orthodoxien und die sie sichernden Herrscher fixiert, dadurch soziale Disziplinierung und somit den Ausbau des Staates fördert, daß also die Ausbildung der Konfessionen unabhängig von deren theologischer Ausrichtung im einzelnen in beträchtlichem Maße der weltlichen Gewalt zugute kommt, diese die Forschungen zum konfessionellen Zeitalter seit etwa zwei Jahrzehnten leitende These findet sich ansatzweise bereits in Giovanni Boteros tiefschürfender Einsicht gespiegelt, daß die christliche Religion bei richtiger Handhabung dem Herrscher Macht über den inneren Menschen verleiht. Auf diese unerschütterliche Loyalität waren Kirche und Staat jetzt in hohem Maße angewiesen: die Kirche im Zeitalter heftigster konfessioneller Konkurrenz, der Staat, wollte er seine Kompetenzen über traditionell gezogene Grenzen hinaus ausweiten.

Doch stößt die fraglos von staatlichen wie kirchlichen Autoritäten beabsichtigte Disziplinierung selbst an Grenzen. Zum Leidwesen der Intellektuellen vom 16. bis 20. Jahrhundert zeigen sich die unteren Schichten gegen alle Umerziehungsversuche weitgehend immun. In den mittleren und oberen Schichten bildeten korporatives Eigenständigkeits- und adeliges Standesbewußtsein weitgehend unüberwindliche Hindernisse. Das Selbstbewußtsein städtischer Führungsgruppen förderten die zahllosen religiösen Bruderschaften nach Trient mindestens ebenso sehr wie die angestrebten inneren Bindungen. Vor allem aber mußte das Wiedererstarken der Kirche als Machtfaktor Konflikte mit den politischen Gewalten erzeugen, welche die italienische Geschichte bis ins 20. Jahrhundert hinein prägen sollten: Stark genug, um in mancher Hinsicht einen Staat im Staate zu bilden, verfügte die Kirche doch auf der anderen Seite nie über die Machtmittel und kaum je über die moralische Autorität, um zur Denken und Alltag beherrschenden Größe zu werden.

Dazu waren die in Trient beschlossenen Reformen zu unvollständig geblieben; noch unvollkommener war ihre Umsetzung. Eine Verankerung der bischöflichen Residenz als göttliches Recht gelingt nicht, Dispense wird das Papsttum auch künftig erteilen. Das Seminardekret, das in jeder Diözese eine Ausbildungsstätte für Priester vorsieht, erweist sich in Italien oft genug als undurchführbar; *preti selvaggi*, „wilde“, nicht vorschriftsmäßig geweihte Priester als kaum kontrollierbares kirchliches Proletariat, bleiben vor allem in Süditalien unausrottbar. Der Bistums-Pluralismus klingt zwar schon während des Konzils entschieden ab – in den 1540er Jahren sind siebzig Prozent der Kardinäle in dieser Hinsicht ohne Fehl und Tadel –, doch nimmt nach Jahrzehnten der Zurückhaltung die Häufung von Kommenden und, parallel dazu, der nicht mehr auf Gewinnung eigener Staaten, sondern „nur" noch auf Integration in den römischen Hochadel gerichtete, finanziell jedoch äußerst intensiv betriebene Nepotismus ab Ende des 16. Jahrhunderts wieder stark zu. Eine konsequente Rückbesinnung auf die Reformanliegen von Trient erfolgt, bisher ungenügend erforscht, erst ab dem letzten Viertel des 17. Jahrhunderts – zu spät, um eine auch vorher nie besessene „ideologische" oder kulturelle Hegemonie in einem Italien zu gewinnen, dessen Intellektuelle sich bereits den Ideen der Frühaufklärung zuzuwenden beginnen.

Italien als das in der Frühen Neuzeit freieste Land Europas, wie die meisten Italiener der Zeit geglaubt haben dürften? Grenzt man „Freiheit" als Freiraum persönlicher Lebensführung ein, so stellt sich dieser in Italien wohl in der Tat als von diversen Sozialkontrollen uneingeschränkter als anderswo dar – die Beherzigung lebenswichtiger Vorsichtsmaßnahmen vorausgesetzt: Machtstrukturen und Herrschaftsansprüche nicht in Frage zu stellen und, natürlich, im Falle abweichender religiöser Überzeugungen auf deren Bekenntnis zu verzichten. Dem großen Physiker Galilei wird gerade die Nichtbeachtung solcher Regeln zum Verhängnis. Er lehrt die Sonne im Mittelpunkt des Universums nicht, wie von der Kirche toleriert, als Hypothese, sondern als absolute natürliche Wahrheit, die im Widerspruch zum Buchstaben der Bibel steht, und stellt so den Weltauslegungsanspruch der nachtridentinischen Kirche in Frage. Zudem verletzt er klienteläre Spielregeln: Er gibt seinen Patron, Papst Urban VIII., dadurch der Lächerlichkeit preis, daß er dessen Position zur Weltbilderfrage in seinem Dialog über die Weltsysteme einem notorischen Dummkopf in den Mund legt. Seine Verurteilung zu Abschwörung und lebenslangem Hausarrest 1633 zeigt die Grenzen der italienischen Freiheit im konfessionellen Zeitalter auf.

Konjunkturen und Krisen

Für die große Mehrheit der Italiener aber war eine andere Freiheit ausschlaggebend: die Befreiung von Hungersnot. Sie zu gewährleisten war in ihren Augen unverbrüchliche Pflicht der Herrschenden. Diese aber waren selbst einer höheren Macht ausgeliefert: der die Wirtschaft vor der Industrialisierung bestimmenden Agrarkonjunktur, die seit dem 16. Jahrhundert für Italien viel klarer hervortritt. Hinter den dürren Zahlen von Ernteausfällen, Getreide- und Brotkosten verbirgt sich somit ein dramatisches kollektives Schicksal. Für die Mehrheit der städtischen Bevölkerung war das Brotgewicht die Größe, von der ihr Auskommen, im Extremfall ihr Überleben abhing; nicht die Kosten des Brotes, sondern die jeweils für denselben Preis erhältliche Brotmenge variieren zu lassen hielt man für eine Maxime der Staatsklugheit, doch blieben die erhofften massenpsychologischen Wirkungen in der Regel aus. Weitere Schlüsselgröße im Zusammenspiel mit dem Brotpreis ist die Lohnentwicklung. In beiderlei Hinsicht zeigt der Daumen für europäische Unterschichten in der zweiten Hälfte des 16. Jahrhunderts nach unten. Aufgrund des starken Bevölkerungszuwachses und der dadurch im Verhältnis zum Angebot gestiegenen Nachfrage verteuert sich Getreide stärker als andere Güter, während Arbeitskraft relativ billig wird – eine Konjunktur, die denjenigen zugute kommt, die landwirtschaftliche Erzeugnisse in größerem Umfang vermarkten.

Gegenüber europäischen Durchschnittswerten stellt sich die italienische Entwicklung um zwei bis drei Jahrzehnte phasenverschoben dar; setzt in Nord- und Mittelitalien eine säkulare Aufschwungphase der Agrarkonjunktur ab etwa 1560 ein, so ziehen die Getreidepreise im Süden, d. h. vom Kirchenstaat an abwärts, sogar erst ab dem letzten Viertel des 16. Jahrhunderts an. Dramatische Spitzen erreicht diese Teuerung in ganz Italien zu Beginn der 1590er Jahre und nochmals um die Jahrhundertwende. Weitere extreme Ausschläge nach oben verzeichnen das dritte und das fünfte Jahrzehnt im 17. Jahrhundert: Mit dem Erntejahr 1648/49 bricht über Italien eine Katastrophe herein, die sich tief ins kollektive Gedächtnis eingräbt. Auf sie folgen noch einige weitere Krisen, doch beginnt sich bald danach das Blatt zu wenden. Ab etwa 1660, im Süden ab 1670, tritt die italienische Agrarkonjunktur in eine ungefähr hundertjährige Abschwungphase mit langfristig zurückgehenden bzw. stagnierenden Preisen ein.

Bis zur Mitte des 18. Jahrhunderts werden jetzt die Reichen „ärmer". Als Folge zurückgehender Agrarpreise sinkt die Grundrente, der Ertrag, den der Grundeigentümer aus seinen Gütern zieht, ja sie erlebt um 1700 dramatische Einbrüche um ein Drittel und mehr – mit weitreichenden Folgen, auch für die Kulturgeschichte: Das Goldene Zeitalter des Mäzenatentums in Italien ist erst einmal zu Ende, auch Eliten müssen sparen. Zwar sind in dieser Zeit einzelne Preisspitzen unübersehbar, doch bleiben Italien die Hungerkatastrophen Frankreichs im Zeitalter Ludwigs XIV. weitgehend erspart.

Der Beginn einer neuen säkularen Phase des Preisauftriebs zeichnet sich im Norden schon etwas vor der Mitte des 18. Jahrhunderts, im Süden ab Beginn der 1760er Jahre ab. Dort setzt sie mit einem furchtbaren Paukenschlag, der Hungersnot ab 1763/64 ein, die in Neapel und Umgebung Zehntausende das Leben kostet. Auch im übrigen Italien fühlbar, zwingt dieser Einbruch zum Überdenken traditioneller Getreidepolitik – mit Ergebnissen, wie sie unterschiedlicher nicht hätten ausfallen können. Werden im Süden die alten starren Regeln beibehalten, ja verschärft, so wird in der Toskana das ganze morsche Gerüst der Reglementierungen abgetragen. Hatte sich im Abschwungjahrhundert ab 1660/70 die Kaufkraft der Unterschichten um etwa ein Zehntel erhöht, so kehrt sich dieses günstige Verhältnis in der zweiten Hälfte des 18. Jahrhunderts allmählich, an dessen Ausgang dramatisch um.

In Italien wie in weiten Teilen Europas bricht ab etwa 1550 das Zeitalter der Annonen, der Getreidebehörden an, die Vorräte ansammeln, um sie in teuren Jahren verbilligt abzugeben, die in schweren Krisen Importe tätigen und im Extremfall zur – kontraproduktiven, da Getreide in den „Untergrund" treibenden – Verordnung von Höchstpreisen und weiterer Zwangsregulierung der Märkte schreiten. Der zählbare Ertrag dieser meist sehr aufwendigen Bemühungen ist in der Regel bescheiden; diktiert werden sie mindestens ebensosehr von psychologischen Erwägungen: die überall in Europa verbreitete Verschwörungsangst der Massen nicht zur hellen Panik anschwellen zu lassen. Nur in einem extrem paternalistisch ausgerichteten, d. h. ausgeprägten Unterschichtenschutz praktizierenden Versorgungssystem wie in Rom gelingt es, für mehr als ein Jahrhundert weitgehende Brotpreiskontinuität zu erreichen; dabei tauschen die großgrundbesitzenden Eliten Profitverzicht bei der Grundrente gegen soziale Stabilität ein.

Im großen parallel verläuft die Entwicklung auf dem gewerblichen Sektor. Schon um 1550 stellt sich kräftige Erholung bei Banken und Handel, vor allem aber der Textilproduktion ein, die jetzt Jahrhundert-Rekordwerte erzielt. Auch wenn die florentinische Wollherstellung dieses Maximum bereits um 1570 erreicht und in den folgenden drei Jahrzehnten einen Rückgang um etwa die Hälfte verzeichnet, so stellt sich Italien insgesamt um 1600 doch als ein wirtschaftlich florierendes, in Europa sehr gut positioniertes Land dar – und das nach einem halben Jahrhundert spanischer Vorherrschaft in Mailand, Neapel und Sizilien.

Für den rapiden Niedergang der gewerblichen Produktion zwischen 1620 und 1660 sind andere Faktoren ausschlaggebend. Am einschneidendsten machte sich bemerkbar, daß die hochwertigen und entsprechend teuren italienischen Produkte, vor allem Textilien, im Zeitalter des Dreißigjährigen Krieges zu wenig zahlungskräftige Abnehmer fanden und der Konkurrenz durch billigere Erzeugnisse, oft regelrechte Imitate italienischer „Markenartikel", nicht gewachsen waren. Auf diese veränderte Marktlage haben die Hersteller nicht mit der notwendigen Flexibilität reagiert; häufig wird eine solche Reaktion gerade von den Zünften als Gralshüter der Tradition blockiert. Erstaunlicherweise aber gelingt es, diesen Einbruch – in Mailand tendiert die Textilherstellung im Laufe des 17. Jahrhunderts geradezu gegen Null – weitgehend aufzufangen: Durch Beschäftigung in Bauwirtschaft, Luxushandwerk und Aufnahme in die Dienerschaft großer Familien läßt sich Massenarbeitslosigkeit und -verelendung vermeiden – ein Schrumpfungswunder besonderer Art. Zudem findet jetzt eine räumliche Verlagerung statt; kleinere Gewerbebetriebe wandern aus der Stadt aufs Land, wo sich kostengünstiger produzieren läßt: Gewehre, Metallwaren, Papier. Was sie dadurch einbüßen, gewinnen die Metropolen durch den Ausbau der Höfe zurück; die Verlierer des 17. Jahrhunderts sind die mittleren Städte.

Trotz aller Ausweichstrategien sollte man den wirtschaftlichen Rückgang nicht ausblenden oder schönfärben; nochmals nämlich vertieft sich der Abstand zum Süden, wo sich ländliche Industrien nicht nennenswert entwickeln und die Agrarexporte rapide zurückgehen. Insgesamt tauscht Italien jetzt eine wirtschaftliche Führungsposition gegen einen achtbaren Mittelplatz.

Auch die Veränderungen im Wirtschaftsverhalten der Oberschichten sollte man weder überzeichnen noch wegretuschieren. Wenn seit der Mitte des 16. Jahrhunderts, etwa in Venedig und Florenz, Patrizier verstärkt in Grund und Boden investieren, so ist darin schon deshalb keine „Refeudalisierung" zu sehen, weil ein vollständiger Rückzug aus Handel und Gewerbe ausbleibt und die städtischen Führungsschichten seit jeher beide Geldanlagen und Lebensformen, die „bürgerliche" und die „adelige", nahtlos verschmolzen; viel eher sollte man darin einen weiteren Ausdruck von Flexibilität in einer Krisenzeit erkennen.

Politisch stellt sich die Lage von 1560 bis 1700 in Italien als insgesamt stabil dar, obwohl es auch hier an tragischen Akzenten nicht fehlt. Als erregender zeitgeschichtlicher Stoff von europäischen Dramatikern (u. a. Christian Weise) verarbeitet, vereinigt der Masaniello-Aufstand in Neapel ab 1647 die gesamte motivische Bandbreite frühneuzeitlicher Volksunruhen in sich. Durch die prekäre Versorgungslage nebst Teuerung verunsichert, von einer neuen Steuer auf Obst und Gemüse zur Weißglut gereizt, richtet die Menge ihre Wut nicht gegen den legitimen Souverän, den spanischen König, sondern gegen dessen Amtsträger, gegen Aufsteiger und gegen die Spanier als

Fremde. Ihr Ziel ist nicht sozialer Umsturz, sondern die Wiederherstellung alter Rechtszustände. Einige Tage lang angeführt von einem charismatischen jungen Fischer namens Masaniello, verstärkt durch Unzufriedene aus den Reihen der komplex verschachtelten, an Reibungsflächen und Ressentiments reichen Ober- und Mittelschicht Neapels, dann von der Stadt aufs Land übergreifend, geht der Aufstand so gesetzmäßig zugrunde, wie er entfacht wurde, nämlich durch Auflösung der zerbrechlichen Aktionseinheit der sozialen Gruppen und ihrer Interessen.

Der Dreißigjährige Krieg geht zwar an Italien nicht spurlos vorbei, doch sind seine Auswirkungen räumlich und zeitlich beschränkt. Sein Ableger, der – schließlich im Interesse Frankreichs zugunsten der Nebenlinie der Gonzaga-Nevers entschiedene – Mantuanische Erbfolgekrieg von 1628 bis 1631, erfaßt mit seinen verheerenden (von Alessandro Manzoni in den ‚promessi sposi' beschriebenen) Wirkungen nur den Norden, wo die Expansionsgelüste Piemonts schon im Jahrzehnt zuvor zu heftigen, aber ebenfalls regional begrenzten Konflikten, nicht jedoch zum erhofften Gewinn des Monferrato geführt hatten.

Italien 1560 bis 1700: Die charakteristischen Erscheinungen und Entwicklungen der Zeit – Bevölkerungswachstum, wirtschaftlicher Aufschwung und anschließende Krise, Staatsverschuldung und höfische Repräsentation, Staatsausbau und Grenzen der Innovation, soziale Verhärtung und Kulturblüte – finden sich brennpunktartig in der Geschichte Roms und seines Staates vereinigt.

Beispiele: Päpste, Prälaten, Paläste

In Rom deutete ab Mitte des 16. Jahrhunderts alles auf einen frühen Sieg des Papstes über seine Konkurrenten hin: die römischen Barone in der Falle ihrer eigenen Wirtschaftsethik, d.h. gezwungen, steigenden Aufwand mit stagnierenden Mitteln zu betreiben und daher ein Landgut und Lehen nach dem anderen an die Krösusse des Zeitalters, die Nepoten, zu verkaufen –

bankrott; die städtischen Amtsträger mit prächtigen Kostümen in einem nicht minder prunkvollen, als Zeichen ihrer Entmachtung aber ungeliebten Palast auf dem Kapitol – ruhiggestellt; die Kardinäle schließlich, inflationär auf siebzig vermehrt, mit rein beratender Funktion im Konsistorium – gezähmt. Auf der anderen Seite: der Ausbau der kurialen Behörden vorangeschritten; seit der Mitte des 16. Jahrhunderts klare Karrieremuster für die höhere Prälatur mit (ebenso wie höhere Verwaltungsposten bis zur „zweiten Reform" Anfang der 1690er Jahre) käuflichen Einstiegsämtern – für mutige Anleger Gelegenheit zur Investition von Familienvermögen in kuriale Laufbahnen. Wie weit diese nach oben führt, hängt von der sozialen Startposition und natürlich von der klientelären Vernetzung im Geflecht nützlicher Beziehungen ab. Beste Aussichten haben Einsteiger aus ober- und mittelitalienischem Patriziat mit juristisch-kanonistischen Studien. Wenn dann noch ein Bankiers- oder gar Kardinals-Onkel im Hintergrund Fäden zu ziehen vermag, sind die Weichen erfolgversprechend gestellt.

Aber nicht nur bei der Rekrutierung eines karrierebewußten und damit abhängigen Führungspersonals, auch in der inneren und äußeren Politik scheint alles auf eine Stärkung der päpstlichen Position hinauszulaufen. So setzt Klemens VIII. 1597/98 nach geschickter diplomatisch-militärischer Vorbereitung den Heimfall des Lehens Ferrara an die Kirche durch. 1631 ist nach dem Aussterben der della Rovere die Reihe an Urbino, mit dessen Eingliederung der Kirchenstaat die größte Ausdehnung seiner Geschichte erreicht. In seinem Inneren wird ein vom Legaten in Bologna bis herab zum Gouverneur in kleinen ländlichen Ortschaften reichendes abgestuftes Verwaltungsnetz ausgespannt, das dem Papst direkten Zugriff auf alle wichtigen politischen und administrativen Ebenen zu erlauben scheint.

Gegen dieses Bild eines straff verwalteten Kirchenstaats spricht bei näherer Betrachtung einiges. Zum einen bleibt in wichtigen Städten wie Bologna und Perugia die lokale Entscheidungskompetenz der örtlichen Oligarchien weitgehend erhalten. In den Rom nächstgelegenen Provinzen behauptet sich der Lehensherr gegen alle zu seiner Überwachung eingerichteten Behörden als Autoritätsperson, ja als eigentlicher Machthaber. Ob Baron mit zwölf Generationen blaublütiger Vorfahren oder als frisch geadelter Nepot, er spricht Recht, schöpft reichlich Abgaben ab und ist als Patron Quelle aller Tür und Tor öffnenden Empfehlungen. Zudem ist die Behördenorganisation, auch in Rom selbst, alles andere als überlappungsfrei oder effizient; einem klaren Instanzenzug stehen uralte Vorrechte von Institutionen, Ämtern und Familien entgegen. Mit anderen Worten: die Machtfülle des Papstes stößt, stärker noch als im frühneuzeitlichen Staat allgemein, an den Privilegien der Eliten und an deren selbstverständlichem, patrimonialem Zugriff auf Führungspositionen an Grenzen. Aufstieg vom Schweinehirten zum Papst: diese erbaulichen Geschichten haben einen wahren Kern im späten 16. Jahrhundert, als zwei Päpste (Pius V. und Sixtus V.) aus bescheidenen Verhältnissen emporkommen – Ausnahmen, welche die Regel bestätigen. Im allgemeinen bewirken die zunehmend standardisierten kurialen Karrieremuster weder breite noch steile soziale Mobilität. Einmal an der Kurie etablierte Familien hingegen entwickeln Strategien, um sich über Generationen in der hohen Prälatur zu behaupten – insgesamt mit so viel Erfolg, daß sich regelrechte Familienkanonikate und Familienbistümer herausbilden.

Das wirksamste Instrumentarium zur Sicherung von Kontinuität und mentaler Homogenität, auch zur Formung eines ausgeprägten *esprit de corps* aber ist der kuriale Klientelismus, ein mit seinen Parteibildungen zugleich römisches und europäisches Phänomen. Denn die wichtigsten Fraktionen innerhalb des Kardinalskollegiums waren einer der europäischen Großmächte – Spanien, Frankreich, dem Kaiser – verbunden, die sich diesen Anhang einiges – Geld, Titel etc. – kosten ließen. Daß der Papst die Loyalität seiner höchsten Würdenträger immer auch mit anderen Souveränen teilen mußte, bedeutet ebenfalls eine gravierende Schwächung seiner Position. Eine weitere läßt sich aus dem komplexen, noch keineswegs vollständig entschlüsselten Rekrutierungssystem des römischen Klientelismus selbst ableiten: Erfolg auf diesem glatten Parkett setzte nicht nur die Beherrschung ausgefeilter Verhaltensregeln, einschließlich der von allen Handbüchern seit der Mitte des 16. Jahrhunderts dringend angeratenen *dissimulazione*, Verstellung, sondern auch die Fähigkeit voraus, sich an stets labile Machtverhältnisse geschmeidig anzupassen, z. B. den Patron zu wechseln, wenn ein anderer Protektor nützlicher ist.

Besonderer Pflege wert war die Kunst, Exponierungen und Feindschaften zu vermeiden. Denn Sieger im Konklave sind – um einen Typus zu umreißen – überwiegend keiner einflußreichen Seite unangenehm aufgefallene Kompromißkandidaten, tüchtige Juristen und Verwalter, die aber, von jahrzehntelanger Tätigkeit innerhalb des kurialen Apparates geprägt, in den durchschnittlich knapp zehn Jahren ihrer Regierungszeit keine starken Anstöße zur Veränderung aussenden. Herausragende Ausnahmen wie Sixtus V. (1585–1590) und Innozenz XI. (1676–1689) bestätigen letztlich diese Regel. Periodisch ausgetauscht aber wird nicht nur der Herrscher nebst Nepoten, sondern ein beträchtlicher Teil des kurialen Personals, und dies nicht allein in den Spitzenrängen – unter dem Pontifikat des Venezianers Klemens XIII. (1758–1769) begegnet der an der Kurie zeitweise sehr umtriebige Casanova einem zum päpstlichen Raumpfleger umgeschulten Gondoliere. In einer Zeit noch wenig gefestigter bürokratischer Strukturen mußte diese personelle Unbeständigkeit staatliche Durchsetzungsfähigkeit vermindern – nicht ohne Grund waren in Rom neue Gesetze sprichwörtlich kurzlebig.

Und schließlich beginnt, wohl die gravierendste Schwächung römischer Autorität und Macht, der nachtridentinische Nepotismus die päpstliche Herrschaftsausübung zu durchdringen, zeitweise, im zweiten Viertel des 17. Jahrhunderts, auch zu überlagern, ja zu überschatten. Dabei bilden sich feste Programme heraus. Hauptlieferant für Geld und Güter wird der Kardinalnepot, der, mit den nach Trient noch erlaubten Pfründen überschüttet, den Grundstock des Familienvermögens legt. Demgegenüber hat der führende weltliche Papstverwandte eigentlich nur eine Aufgabe, nämlich mindestens einen (möglichst mehrere) legitime männliche Nachkommen zu zeugen, durch die der ihm verliehene Hochadelstitel in der Familie und diese am Leben bleibt. Obwohl an äußerem Rang den großen Familien ebenbürtig, an Besitz teilweise sogar überlegen und mit ihnen meist auch durch – bezeichnenderweise während des Familienpontifikates ausgehandelte – Heiraten verbunden, dürften die Nepoten, langfristig betrachtet, die ersehnte Integration in den alten Adel nicht wirklich bewerkstelligt, sondern eher eine Appendix-Elite gebildet haben. Da sie im Grunde an Prestigetiteln wenig mehr vorzuweisen haben als die – im Lauf der Zeit immer weiter zurückliegende – Erhebung eines Familienmitglieds zum Papst, ist ihre Haltung rückwärtsgerichtet, ihr Wirtschafts- und Sozialverhalten wenig dynamisch. Als gewissermaßen blockierte Sekundärelite sind die Nepoten überwiegend Gralshüter überkommener Werte – auch hier bestätigen Ausnahmen wie die Borghese, Anfang des 19. Jahrhunderts mit der Familie Napoleons I. verschwägert, im Heer des französischen Kaisers erfolgreich und später Gründer der ersten römischen Sparkasse, die Regel.

Zur Belastung, ja inneren Lähmungserscheinung aber wird der Nepotismus im 17. Jahrhundert nicht nur durch den Prestigeverlust, den er dem Papsttum zufügt, und durch die enormen Kosten, die er verursacht, sondern vor allem dadurch, daß er den Herrscher an die Interessen des Hochadels kettet, in den er seine Verwandten mit allen Mitteln zu integrieren bemüht ist. 1648/49 schließlich wird der Nepotismus zu einer Systemgefährdung explosiver Art, als Innozenz X. die zur Stabilisierung des Brotgewichts notwendige Dreiviertelmillion Dukaten verweigert, während gleichzeitig der Obelisk auf der römischen Piazza Navona als Monument der Pamphili-Familiengröße errichtet wird. Doch fehlt es am Tiber an einem Masaniello – der große Aufstand bleibt aus. Der Nepotismus überlebt schließlich auch seine „Abschaffung" im Jahre 1692, die in Wirklichkeit in typisch römischer Manier Reform als Abstellung von Exzessen versteht, daher Titel tilgt und finanzielle Obergrenzen für die Ausstattung von Familienkardinälen vorschreibt – die Papstverwandten des 18. Jahrhunderts konnten damit leben, nicht einmal schlecht.

Um dieselbe Zeit verschrieb sich das Papsttum, um den Preis innerer wirtschaftlicher Lähmung Garant einer einzigartigen Brotpreisstabilität, bis zur Französischen Revolution in steigendem Maße einer alteuropäisch-paternalistischen Wirtschaftsethik, die herrscherliche Fürsorge vor wirtschaftliche Dynamik stellt, ausgeprägtes Gewinnstreben als Gefährdung sozialer Bindungen abwertet und zugleich die Verkündung der Menschenrechte im revolutionären Paris als Widersinn verurteilt.

Im 17. Jahrhundert jedoch ist Rom ein Kulturzentrum, das unter dem langen Pontifikat Urbans VIII. von 1623 bis 1644 eine Anziehungskraft ohnegleichen entwickelt. Die Vielschichtigkeit, Expressivität und produktive Widersprüchlichkeit des hochbarocken Rom ist trotz geschändeter Villen, trotz rußgeschwärzter Palast- und Kirchenfassaden noch heute nachvollziehbar, in den Kunstsammlungen des Palazzo Barberini, des Palazzo Braschi oder der Villa Borghese. In den großen Galerien nämlich künden Bilder von prunkvollen Theateraufführungen mit kunstvollen Maschinerien, deren Publikum danach zum eleganten Ballspiel im eigenen Stadion der Barberini, einen Steinwurf von ihrem Palast entfernt, überwechselt; von zeremoniösen, für einen spielerischen Wimpernschlag Reich und Arm vermischenden Wasserschlachten auf der überfluteten Piazza Navona. Hier trifft man Statuen, die ziemlich unverhüllt fleischliche Reize präsentieren; hier sieht man Fresken, die in unerschöpflicher dekorativer Fülle und mit nie ausgehenden mythologischen Maskierungen den in Wahrheit so schnell vergänglichen Ruhm der Nepoten feiern, den Berninis Baldachin in der Peterskirche buchstäblich auf die Spitze treibt: An seiner höchsten Stelle haben sich die Wappenbienen Urbans VIII. und der Barberini niedergelassen, Symbol eines Papsttums, das die Interessen seiner Nepoten wahrhaft vorrangig behandelt und gerade dadurch Rom zum mäzenatischen Zentrum Europas erhebt. Wiederum ist es eine geordnete, kanalisierte Konkurrenz, die wie schon im Florenz der Medici die Kulturblüte des barocken Rom hervorbringt. Gehen die Nepoten mit ihrem schier unermeßlichen Bedarf an sichtbaren Verherrlichungszeichen voraus, so sind die älteren Ausschnitte der Elite gezwungen, propagandistisch Schritt zu halten, wollen sie den Prestige-Anschluß nicht verlieren.

In diesem Zusammen- und Widerspiel der Verherrlichungsinteressen geht eine seit der Mitte des 15. Jahrhunderts planvoll betriebene Stadt-Metamorphose, die Umwandlung Roms zum sichtbaren, überzeugungsmächtigen Spiegel der Größe und Unantastbarkeit des Papsttums, seiner Vollendung entgegen. Das 18. Jahrhundert wird an diesem Bild noch Ergänzungen anbringen, es in seinem Wesen aber nicht mehr verändern. Paradoxie der Geschichte: Das fertige Bild wird im Zeitalter der bildlosen Vernunft die europäischen Aufklärer immer weniger überzeugen. Im Februar 1798 wird sogar eine Art revolutionärer Bildersturm losbrechen.

V. Ancien régime und Aufklärung

Nach der Abenddämmerung nun die Nacht der Nationalgeschichte: Italien als willenloser Spielball fremder Mächte, der
großen Männer beraubt, die zuletzt meteorgleich verglühten,
dafür mit Gelehrten geschlagen, die unter Perücke und Puder
gezierte Verse schmieden oder wirklichkeitsfremd räsonnieren.
Gegen dieses griffige Verdikt des Risorgimento sollen die Intellektuellen selbst zuerst zu Wort kommen.

Die Intellektuellen und die Politik

Sie diagnostizieren, auf den kleinsten gemeinsamen Nenner
gebracht, Rückständigkeit gegenüber dem dynamischeren atlantischen Europa, die es durch loyale Mitarbeit an der Seite
der Mächtigen, ob fremden oder heimischen Ursprungs, auf-
zuholen gilt. Diesen zugleich moderaten und pragmatischen
Reformansatz faßt der bedeutendste Vertreter der italienischen
Frühaufklärung, der Modenese Ludovico Antonio Muratori
(1672–1750), programmatisch verdichtet zusammen: Anbin-
dung Italiens an die lebendige Ideenzirkulation in einer europäischen Gelehrtenrepublik, Ablösung barock-rhetorischer
Zopfgelehrsamkeit durch eine empirisch abgesicherte, die öffentliche Wohlfahrt fördernde nützliche Wissenschaft und ein
entsprechend vernünftiges Erziehungssystem, Kooperation von
Kirche und Staat bei der Volkserziehung, Beseitigung ana-
chronistischer ständischer Privilegien von Klerus und Adel, ge-
rechtere Verteilung der Steuerlasten zugunsten der Armen und
der wirtschaftlich produktiven, in Handel und Gewerbe tätigen Schichten. Letztlich zielen Muratoris Vorstellungen, ein
Jahrhundertwerk zur Herbeiführung der öffentlichen Glückse-
ligkeit, auf die Verbesserung der besonders korrekturbedürfti-
gen oberen und unteren Schichten, auf die Überwindung von
Armut, Ignoranz und Aberglaube unten, von Parasitentum und
Arroganz oben in der Gesellschaft.

Schon in der ersten Generation der Aufklärer fehlt es nicht

an radikaleren Tönen. Laut werden sie vor allem im Süden, wo Neapel jetzt zu einer geistigen Hauptstadt Italiens, ja Europas aufsteigt. So wird im historischen Werk Pietro Giannones (1676–1748) Anklage erhoben gegen die schleichende Usurpation staatlicher Rechte durch die Kirche und für eine von klerikaler Einmischung freie und dadurch wirtschaftlich prosperierende zivile Gesellschaft plädiert; die zugrundeliegende Religionskritik versucht Sünde und Hölle als klerikale Erfindungen nachzuweisen, die der Kirche erpresserische Macht über das menschliche Gewissen verschaffen sollen. Giannone wurzelt mit seinen kühnen Thesen, die ihn am Ende seines Lebens die Freiheit kosten, im neapolitanischen *giurisdizionalismo*, einer Schule des auf strikte Scheidung von Kirche und Staat und auf dessen alleinige Souveränität gerichteten Rechtsdenkens. Ihr ist auch Giovanni Battista Vico (1668–1744) verbunden, der in seiner erst posthum europäische Breitenwirkung erzielenden ‚Neuen Wissenschaft' in Frontstellung gegen aufgeklärte Gegenwartsverherrlichung die Andersartigkeit einer nur aus ihrem eigenen Geist heraus zu würdigenden, sich überall auf der Welt in denselben Stufen, aber in unterschiedlichem Rhythmus entwickelnden Geschichte beweist, in der Mythen kollektive Mentalitäten prägende und damit geschichtsgestaltende Macht gewinnen.

Die Zuversicht, daß die Kooperation der Aufklärer mit reformbereiten Monarchen den Königsweg zum Fortschritt bedeutet, nimmt nach der Mitte des Jahrhunderts ab, der Nachdruck dagegen zu, mit dem jetzt eine ständische Privilegien konsequent abbauende, von Zensur befreite, wirtschaftliches Engagement, Verdienst und Leistung belohnende, von geistlicher wie herrscherlicher Vormundschaft emanzipierte Gesellschaft verlangt wird, welcher der Staat schließlich nur noch den Funktions- und Rechtsrahmen zu stellen habe. Als alle Aussichten auf umfassende Erneuerung angesichts reaktionären Gegenkurses geschwunden sind, werden wir die zornigen jungen Wortführer dieser uneingelösten Forderungen ab 1796 im Lager der – fälschlich so getauften – „Jakobiner" wiederfinden. Sie erstreben nicht die Herrschaft durch, sondern für

das durch Erziehung aufzuklärende Volk, damit eine bildungs-
bürgerliche Vormundschaft in einem patriotisch-luxusfeind-
lichen Vernunftstaat: neue Illusionen, wie sich zeigen sollte.
Illusionen machten sich die Aufklärer über die Reformbe-
reitschaft der Mächtigen. Da, wo sie vorhanden ist, wird sie
überwiegend von militärisch-finanziellen Notwendigkeiten,
nicht aber vom Willen zur konsequenten Ausschaltung der Eliten oder gar zu sozialer Nivellierung bestimmt. Dazu fühlten
sich europäische Herrscher, die viel enger und traditioneller
mit aristokratischen Werten und Interessen verbunden waren,
als aufgeklärte Staatsideen wahrhaben wollten, meist nicht legitimiert – in Italien mit zwei Ausnahmen.

Reformprogramme, Reformgrenzen

Zu Beginn des 18. Jahrhunderts geriet die italienische Staatenwelt wieder in Bewegung – durch Anstöße von außen. In
den europäischen Kabinettskriegen, dem Spanischen (1701–
1713/14), Polnischen (1733–1735) und Österreichischen
(1740–1748) Erbfolgekrieg, wird Italien zur Arena, in der
fremde Heere, ohne sich groß um die Souveränität des Papstes
oder Venedigs zu scheren, marschieren, marodieren und
Schlachten schlagen. Als Folge davon gewinnt Österreich
1713/14 Mailand und Neapel, 1720 Sizilien, tritt also in spanische Fußstapfen, muß aber nach Niederlagen 1734 den ganzen
Süden an die spanischen Bourbonen abtreten; dafür erwirbt es
1735 Parma und Piacenza, das es wiederum 1748 an eine
bourbonische Linie verliert. 1737 erhält Franz von Lothringen,
Gemahl Maria-Theresias von Österreich, die Toskana; sie wird
Sekundo-, Modena 1771 Terzogenitur Habsburgs.

Doch es gibt auch noch ein italienisch regiertes Italien: in
Piemont. Dort vollzieht Herzog Vittorio Amedeo II. (1666–
1732) im Spanischen Erbfolgekrieg 1703 den riskanten Über-
tritt aus französischer Abhängigkeit auf die Seite Österreichs,
ein kühner Schritt, der ihm nach dem Sieg des Prinzen Eugen
über die Turin belagernde französische Armee im September
1706 im Frieden von Utrecht sieben Jahre später das von

seinen Vorfahren seit Jahrhunderten heißbegehrte Monferrato einbringt; das gleichfalls dazugewonnene Sizilien läßt sich allerdings nicht behaupten und muß 1720 gegen eine viel (prestige)ärmere Insel, Sardinien, umgetauscht werden, mit welcher der ebenfalls erlangte Königstitel der Dynastie jetzt 141 Jahre lang verbunden bleiben wird. Die traditionelle Ost-Expansion Piemonts setzt sich 1735 und 1748 mit kleinen Geländegewinnen fort. Bedeutsamer noch ist die innere Politik des neuen Königs, der mit nüchternem Fleiß zu Werke geht.

In Piemont wie im übrigen Italien stellen sich die Reformziele in der ersten Hälfte des 18. Jahrhunderts recht einheitlich dar. Angestrebt wird ein Lenkungsmonopol des Staates im öffentlichen Bereich, das nur durch Zurückdrängung ständischer, institutioneller und korporativer Privilegien erreicht werden kann. Vorrangige Programmpunkte bilden der Aufbau einer rationalisierten Gerichts- und Verwaltungsorganisation, die Einrichtung eines vom Staat kontrollierten, effiziente Staatsdiener ausbildenden Schul- und Universitätssystems, Förderung von Handel und Gewerbe, die Durchsetzung eines zugleich sozialeren und ertragreicheren Steuersystems und die Beschneidung der weit in die öffentliche Sphäre hineinragenden kirchlichen Sonderrechte. In diesem stärkeren, gestrafften, einheitlicheren Staat büßen die traditionellen Eliten fraglos manches an altverbrieften Vorrechten ein; dafür aber können sie eine den gewandelten Verhältnissen angepaßte Führungsposition im Dienste des Staates und damit eine neue Existenzberechtigung gewinnen. Die in den Reformen enthaltene Offerte zur Mitarbeit am Staatsumbau haben deshalb die flexibleren Ausschnitte der alten Oberschicht wohlweislich angenommen.

So gelingt es in Piemont, den Adel, dessen Stellung auf dem Lande eher schwach ist, in militärische und administrative Aufgaben einzubinden, wo er auf die Konkurrenz von Amtsträgern trifft, die sich aus wohlhabendem Stadtbürgertum rekrutieren und weitreichende Aufstiegsabsichten verfolgen. Einen Effizienzschub zugunsten der Monarchie bewirken die piemontesischen Bildungsreformen, die als Eingriff in traditionell der Kirche vorbehaltene Bereiche heißumkämpft und von ideologischen Grundsatzdiskussionen begleitet sind. Mit der Unterstellung der Universität Turin unter staatliche Kontrolle und der Einrichtung eines staatlichen Gymnasiums werden bis 1729 hier zwar ansehnliche, in den Augen radikalerer Aufklärer jedoch alles andere als durchschlagende Erfolge erzielt. Der pragmatische Grundzug der piemontesischen Reformen setzt sich in der gleichfalls unter Vittorio Amedeo II. vorangetriebenen Neuordnung der Justiz, in der Tilgung angemaßter Adelstitel und der Anlage eines Katasters, eines Güterverzeichnisses zu Steuerzwecken, fort. Gerade weil auf diese Weise ein für den Staat vorerst profitabler Modus vivendi, eine neue, stabile Balance zwischen Staat und Eliten erreicht wird, stirbt im weiteren Verlauf des 18. Jahrhunderts der Reformimpuls ab; am Ende steht, dem spät- bzw. nachfriderizianischen Preußen nicht ganz unähnlich, Erstarrung.

Angenommen wird die Aufforderung zur Mitarbeit an Reformen auch von Teilen des mailändischen Adels. Auch hier verzeichnet der unter habsburgischer Ägide betriebene Staatsausbau bis etwa 1770 nur Teilerfolge, keine Durchbrüche. Gegen die seit mehr als zwei Jahrhunderten gefestigte Macht des Mailänder Senats, Forum der führenden Familien, vermag er sich nicht entscheidend durchzusetzen. Zwar gelingt es auch in Mailand, nach zähem Ringen die Anlage eines Katasters zu erzwingen; obwohl zuverlässiger als das piemontesische Register, ist er bei adeligem und kirchlichem Besitz lückenhaft: Indiz für ein Patt zwischen Herrscher und Adel.

Solche Steuerverzeichnisse gelangen im Süden über unvollkommene bzw. Planungsstadien nicht hinaus, Anzeichen dafür, daß sich im Kirchenstaat und im Königreich beider Sizilien die Machtbalance allenfalls geringfügig zugunsten des Staates verschieben läßt – eine Unbeweglichkeit, die mit den von neapolitanischen Ökonomen wie Antonio Genovesi und seinen Schülern vertretenen fortschrittlichen, an westeuropäischen Vorbildern ausgerichteten Ideen aufs schärfste kontrastiert. Im Süden nämlich bleibt die Stellung des Adels auf dem Lande trotz aller mehr oder weniger konsequenten Versuche, sie einzuschränken, unangefochten. Als Gerichtsherr in erster Instanz, als Grundherr, der in seinen *feudi* (Lehen) Abgaben einzieht, Mühlen und Backöfen als gewinnträchtiges Monopol betreibt und Dienste aller Art in Anspruch nimmt, als Grundbesitzer und damit Löhne diktierender Arbeitgeber bleibt der Baron unbestrittene Autorität in einer für den Staat fast undurchdringlichen, nicht zuletzt durch Widerstand von unten abgeschirmten ländlichen Welt.

Größere Zugewinne, selten durchschlagende Erfolge sind in der Auseinandersetzung mit der Kirche zu bilanzieren. Hier vor allem konnte der Staat, wie das Beispiel Piemont zeigte, auf rückhaltlose Unterstützung der Aufklärer zählen, die auf diesem Sektor den Makel der Rückständigkeit brennend empfanden und zudem in eigener Sache kämpften, etwa gegen die kirchliche Bücherzensur. Aus Sicht des Staates war hier der Modernisierungsbedarf immens: Inquisitionstribunale, kirchliches Asyl für vom Staat verurteilte Schwerverbrecher, gerichtliche Immunität für Kleriker, die uferlosen Zuständigkeiten der geistlichen Gerichte, der riesige, durch das Gesetz der „toten Hand" unveräußerliche, für den Staat durch Steuerprivilegien unproduktive Grundbesitz der Kirche – Anachronismen, die der Beseitigung harrten.

Die Bilanz dieses Ringens findet ihren Niederschlag in den Konkordaten des 18. Jahrhunderts. Auch hier sind im Süden nur Teilerfolge zu verzeichnen. Im Abkommen zwischen Staat und Kirche von 1741 wird die Besteuerung von Kirchengut vereinbart – doch zu einem um mehr als die Hälfte niedrigeren Satz; der Klerus mit niederen Weihen, gewissermaßen das kirchliche Proletariat, verliert seine Gerichtsprivilegien, Welt- und Ordenspriester behalten sie, jedoch nicht bei Mord – und was der Halbheiten noch mehr sind. Im Norden dringt der Staat weiter vor, nicht nur in Piemont. 1743 wird in der Toskana die Zensur staatlicher Aufsicht unterstellt, acht Jahre später die Übertragung wertvoller Güter an kirchliche Einrichtungen genehmigungspflichtig.

Trotz oder gerade wegen aller gegen Adel und Kirche erzielten Teilerfolge: Nach der Mitte des 18. Jahrhunderts zeichnete sich immer deutlicher ab, daß durchgreifender Umbau von Gesellschaft und Staat eine Revolution von oben voraussetzte.

Verwandlungen des alten Staates

Wie in allen habsburgischen Gebieten bezeichnet die Regierung Josephs II. (1780–1790) auch für die Lombardei genau diese Wende – und zugleich einen tiefen Widerspruch: Der Beifall des aufgeklärten Publikums bleibt aus, obwohl jetzt mit beispielloser Konsequenz die längst überreifen Reformprojekte in die Tat umgesetzt werden.

Schon 1770/71, also noch zu Lebzeiten Maria-Theresias, wird die alte mailändische Senatsoligarchie per Federstrich entmachtet und statt dessen eine symmetrisch-hierarchische Behördenorganisation eingeführt, später dann die höhere Bildung unter die Aufsicht des Staates gestellt, die Kirche auf Seelsorge und staatlich überwachte Volkserziehung beschränkt, eine neue dreistufige Justizordnung eingerichtet und zudem eine gewisse ökonomische Liberalisierung vorgenommen. Damit waren das Gewaltenmonopol des Staates, die Trennung von Verwaltung und Justiz, Rechtssicherheit, die Unterordnung der Kirche unter den Staat Wirklichkeit geworden. Eine neue Gesellschaft ohne Stände- und Privilegienschranken zeichnete sich ab. All das hatten die Mailänder Aufklärer um Pietro Verri und Cesare Beccaria gefordert – und doch so nicht gewollt.

Denn der schönen neuen Ordnung haftete der Makel des Despotismus, der einseitigen Erzwingung von oben an. Das Vakuum, das zwischen einem allmächtigen Herrscher und einem einförmigen Untertanenverband klaffte, die Ödnis des alle regionalen Eigenständigkeiten niederwalzenden seelenlosen Zentralstaates – all das schreckte ab. Die wettbewerbsorientierte, von einer durch Besitz und Bildung neu verschmolzenen, selbstverantwortlichen Elite getragene offene Zivilgesellschaft im Sinne Verris und Beccarias war weniger denn je in Sicht. Dreifach, von den alten Eliten, den unteren Schichten und den Aufklärern, befehdet, gerieten die autoritären Reformen ab 1786 in eine aussichtslose Blockade.

Ein anderer Habsburger, Josephs jüngerer Bruder, als toskanischer Regent (1765–1790) Pietro Leopoldo, als Kaiser (1790–1792) Leopold II., schlug alternative Wege ein: Reform unter Beiziehung der Eliten und der öffentlichen Meinung. Für nationalgesinnte italienische wie deutsche Historiker nicht sinnstiftend, hat das Umgestaltungsexperiment in der Toskana bis heute nicht die Würdigung erfahren, die es verdient: als wohl in sich geschlossenste Reformleistung des Alten Staates überhaupt, deren Unvergleichbarkeit gerade in ihrer geschmeidigen, dem Zeitgeist angepaßten und ihn zugleich erneuernden Umsetzung liegt – auch wenn in den nachfolgenden Stürmen der Französischen Revolution und der Napoleonischen Zeit vieles wieder abgetragen wurde und der krönende Schlußstein nicht aufgesetzt werden konnte. Leopolds einzigartiges Vorhaben, sich selbst durch eine Verfassung, die sein Gewaltenmonopol aufhob und statt dessen Gewaltenteilung garantierte, konstitutionelle Grenzen zu setzen, eilte zu weit voraus.

Verwirklicht aber wird dennoch viel. Aufgehoben werden die uralten, längst als kontraproduktiv erwiesenen Getreidehandelsschranken nach innen und außen, parallel dazu die Küstensümpfe der Maremmen erschlossen. Indirekte Steuern werden nicht mehr an Unternehmer verpachtet, sondern jetzt vom Staat eingezogen, der eigenen und kirchlichen Besitz veräußert, um die Bildung bäuerlicher Mittelschichten zu fördern, und Aufgaben an neugeschaffene, auf der Grundlage des Steueraufkommens gewählte Munizipalräte überträgt. Und schließlich wird das Großherzogtum Toskana durch eine aufgeklärte Justizreform jetzt für einige Jahre das erste Land der Welt ohne Todesstrafe. Hinter all diesen Umgestaltungen zeichnet sich eine nicht mehr ständische, sondern auf wirtschaftlichen Wettbewerb gegründete Gesellschaft ab. Auch hier verliert der Adel zwar wie die Kirche seine alten Privilegien, behält aber seinen Besitz wie seine soziale Führungsposition und gewinnt so in einem modernisierten System zusätzliche Handlungschancen. Damit gelingt es am Ende des Alten Staates, den allenthalben klaffenden Riß zwischen Staat und aufgeklärter Oberschicht weitgehend zu schließen. Trotz mancher Rückwärtsbewegungen ab 1790 bleibt die Toskana bis 1860 die im Innern konfliktärmste Region Italiens.

Von außen betrachtet aber scheint die italienische Geschichte still zu stehen. Ob sie Mandolinenserenaden in samtenen Vollmondnächten, die Flöhe in überteuerten Gasthöfen oder den Kontrast zwischen dürren Rindern, abgerissenen Bauern und fetten Zolleinnehmern notieren: Berichte über italienische Reisen verzeichnen im besten Fall ein bewahrtes Arkadien, meist aber ein vergiftetes Paradies. Für das gebildete Publikum Europas wird Italien, zweihundert Jahre lang lebendige Schule der Künste, Manieren und Moden, ab der Mitte des 18. Jahrhunderts zum Freilichtmuseum eines versinkenden Alteuropas, zur verströmenden Quelle fremder Inspiration. Natürlich ist diese Bewegungs-, ja Zeitlosigkeit, die auch die gemalten Italienbilder der Zeit mit ihren heroischen, aber weitgehend menschenleeren Landschaften suggerieren, entweder Wunschbild oder Kontrastfolie.

Menschen nämlich gab es in Italien mehr als zuvor. Waren die demographischen Einbrüche in der ersten Hälfte des 17. Jahrhunderts bis zu dessen Ende annähernd wieder wettgemacht worden, so steht im 18. Jahrhundert ein deutlicher Bevölkerungszuwachs von etwa 13,4 auf 17,8 Millionen Einwohner zu Buche. Obwohl weder die gewerbliche noch die landwirtschaftliche Produktion von der Konjunktur, die ab der Mitte des 18. Jahrhunderts wieder anzieht, in größerem Maße zu profitieren vermögen, sind in einzelnen Bereichen und Gegenden doch dynamische Entwicklungen unübersehbar. Sie konzentrieren sich auf den Norden, besonders auf die Lombardei unter österreichischer Herrschaft.

Vor allem aber bleibt die kulturelle Ausstrahlungskraft Italiens ungebrochen, bleibt *italianità* Gütesiegel für Kreativität. Die späte höfische Gesellschaft findet in Malerei und Musik Italiens Lebensgefühl und Werte vollendet widergespiegelt: in den Bildern eines Giambattista Tiepolo, die gerade durch ihre überlegene Ironie zum gültigen Ausdruck aristokratischer Gelassenheit und Selbstsicherheit werden, in der – Ludwig XV. und seinen Hof entzückenden – Musik eines Antonio Vivaldi,

in dessen Konzerten das Soloinstrument mit ganz neuen Freiheiten auftritt.

Beispiele: Herbst an der Lagune?

Tiepolo und Vivaldi, die beiden Canaletto, Francesco Guardi
und Carlo Goldoni sind Venezianer. Die im Mai 1797 vor den
französischen Truppen lautlos versinkende Serenissima scheint
die Vorstellung vom stehengebliebenen, ja morschen Italien am
krassesten zu bestätigen. Während sie noch im 17. Jahrhundert
für die großen Staatsdenker James Harrington und Baruch de
Spinoza das Modell des stabilen, die Klippen der Tyrannis und
der Pöbelherrschaft gleichermaßen umschiffenden, klug ge-
lenkten Freistaates schlechthin bildete, wird sie im Zeitalter
der Aufklärung als abschreckendes Exempel eigennütziger, re-
formunfähiger und schließlich am Desinteresse der Privilegier-
ten selbst zugrundegehender sklerotischer Kastenherrschaft an
den Pranger gestellt.

Auf den ersten Blick stechen in der Tat verblüffende, für ein
Jahrhundert wie das 18., das die Pflicht zum Fortschritt dekre-
tiert, provozierende Kontinuitäten ins Auge. Der Große Rat ist
einst wie jetzt Basis-, d. h. Wahlorgan der Republik, als solches
für die Besetzung der meisten Ämter verantwortlich; zum passiven, d. h. auf Annahme oder Ablehnung von Gesetzen be-
schränkten, legislativen Leben erweckt ihn weiterhin der Senat,
der seine Tagesordnung bestimmt. Und an der nadelfeinen
Spitze der politischen Pyramide bleiben die engen Gremien, vor
allem die *savi grandi* als Vorform der Ressortminister, an den
Schalthebeln einer Macht, die der Doge in altertümlich-
sakralen Riten repräsentiert, von der die Eliten der Untertanen-
städte auf dem italienischen Festland aber, so aufgeklärt und
reich sie auch sein mögen, weiterhin ausgeschlossen bleiben –
zugunsten des hauptstädtischen Adels, der numerisch auf einen
Bruchteil einstiger Größe, auf etwa tausend Mitglieder Ende
des 18. Jahrhunderts, zusammengeschmolzen ist und trotzdem
von tiefen Spaltungen, ja Verwerfungen durchzogen bleibt.
Erst ganz am Ende der alten Serenissima haben die sogenann-

ten jüngeren Familien fast mit den „apostolischen Häusern", die ihre Ursprünge auf die Anfänge der Republik zurückführen, gleichgezogen, also einen typischen, sich über Generationen erstreckenden Prozeß streng kanalisierter Mobilität alten Stils nahezu bewältigt.

Von der Mobilität, wie sie die Aufklärung einfordert, hingegen keine Spur. Alle Versuche, die alleinige politische Herrschaft des Adels, dessen große Mehrheit besitzarm bis besitzlos und daher auf Versorgung in Form von Ämtern und Pensionen angewiesen ist, zugunsten zeitgemäßer Elitenverschmelzungen zu reformieren, schlagen fehl. Mit ihrer Ämterrotation, der Praxis des Wahlstimmenverkaufs und den zahlreichen Überlappungen von Kompetenzen stellt sich die alte Republik den Aufklärern geradezu als Friedhof politischer Vernunft dar. Ein solches Staatswesen konnte nicht anders, als durch inneres Absterben zugrunde gehen – es paßt also ins Bild, daß, wie kürzlich ermittelt, ein Siebtel der patrizischen Ehen nicht einmal wie vorgeschrieben registriert wird, der daraus hervorgehende Nachwuchs daher seiner politischen Rechte verlustig geht.

Und doch bleibt die totgesagte Republik irritierend vital, in großen öffentlichen Bauvorhaben, etwa der gewaltigen Schutzwerke gegen Sturmfluten, aber auch, was die Bindung der Bürger an den Staat betrifft. Für die Mehrzahl der Nobili bleibt die erfolgreiche politische Laufbahn Lebensziel; um so mehr, als die höheren Ämter keineswegs, wie häufig angenommen, nur einem engen Kreis einflußreicher alter Männer mit schwerem Geld, sondern auch weniger bejahrten Kandidaten mit mittlerem Vermögen offenstehen.

Über ihren Tod hinaus lebendig bleibt die Markusrepublik vor allem im Bewußtsein der einfachen Leute. Obwohl ohne politische Rechte, werden sie ihren altverbrieften Freiräumen und Versorgungsprivilegien, aber auch dem verlorenen Klima patriarchalischer Nähe zwischen Oben und Unten nachtrauern. So lautet auf dem Höhepunkt der Revolution von 1849 die Parole „S. Marco" – magische Worte, die noch in den 1990er Jahren von „Separatisten" über Ortsschilder gepinselt werden.

Die alte Staatenwelt Italiens, für welche die älteste aller Republiken exemplarisch steht, bricht (wie in Deutschland) nicht aus Altersschwäche zusammen – sie wird von außen gewaltsam gestürzt.

VI. Revolutionen, Restaurationen, Risorgimento

Republikaner, Generäle, Honoratioren

Für die je nach Weltanschauung begeisterten oder entsetzten Zeitgenossen verflüssigte sich die historische Zeit im Sog der Französischen Revolution und der von ihr freigesetzten Kräfte. Nicht nur, daß Monarchien und Republiken wie Kartenhäuser dahinsanken, auch die neuen politischen Gebilde kamen und gingen – unbeeinflußbar, gelenkt von einem fremden Willen. Von 1796 an wird Italien mehr denn je in seiner Geschichte Kriegsschauplatz und willenloses Objekt fremder Vorherrschaft. Hinter der offiziellen Ideologie der Menschheitsbefreiung tritt von Anfang an das krasse Eigeninteresse des französischen Direktoriums hervor, das in Italien Prestige und Geld gewinnen möchte, beides gleichermaßen dringend benötigt. Zugleich wird die Eroberung Nord- und Mittelitaliens 1796 bis 1798 durch französische Truppen zu einer großangelegten Propagandakampagne des jungen korsischen Generals Napoleon Bonaparte.

Wie überall in Europa gibt es auch in Italien Kreise, die dem Sturz des alten Staates entgegenfiebern und jetzt das Heraufdämmern eines neuen Menschheitsmorgens in einer Republik bürgerlicher Arbeitsethik und römischer Bürgertugend erhoffen. Die italienischen „Jakobiner", überwiegend jüngere Akademiker, durch die Ständeordnung an Aufstieg und politischer Tätigkeit gehinderte Freiberufler, werfen viel Enthusiasmus, aber wenig soziale Autorität in die Waagschale und werden dementsprechend von General Bonaparte bei Bedarf als nützliche Verbündete gegen die bestehenden Gewalten benutzt, dann aber zugunsten der kooperationsbereiten Vertreter der alten Eliten rasch fallengelassen: eine bittere Lektion in praktischem Machiavellismus. Schon die seit Frühjahr 1797 wie Pilze aus dem Boden schießenden, in jeder Hinsicht von Frankreich abhängigen Satelliten-Freistaaten, von denen die Mailand, Mantua, Modena, Bologna und Ferrara umgreifende Cisalpinische Republik die wichtigste und dauerhafteste ist, begün-

stigen mit ihren nach dem französischen Vorbild von 1795 geschaffenen Zensusverfassungen die Interessen einer aus Adel
und Bürgertum neu verschmolzenen Grundbesitzerelite. Diese
neuformierte Oberschicht wurde für den Verlust der feudalen
Privilegien, die jetzt im französischen Italien allenthalben abge-
schafft werden, durch die Sicherung ihres Eigentums, den billigen Erwerb von Kirchengütern und durch eine in ihrem Sinne
modernisierte Rechtsordnung mehr als entschädigt.

Für die unteren Schichten aber ist das neue Regime trotz
Aufhebung der Feudalrechte ein Modernisierungsschock:
Steuerdruck, Ausplünderung durch das französische Militär,
Zwangsaushebung zum Waffendienst, vor allem aber die als
Blasphemie empfundene Enteignung und Entmachtung der
Kirche lassen ein Widerstands- und Haßpotential anschwellen,
das zu seiner Freisetzung nur noch einer günstigen Gelegenheit
und eines geschickten Anführers bedurfte. Beides fand sich
im Süditalien des Jahres 1799. Dort war im Januar unter Führung liberaler junger Aristokraten und Bildungsbürger die
Parthenopäische Republik aus der Taufe gehoben worden. Gegen sie setzt sich, angeführt von Kardinal Fabrizio Ruffo, eine
gegenrevolutionäre Armada von Kalabrien her in Marsch. Im
Juni erobert sie das zwischenzeitlich von französischen Truppen entblößte Neapel und richtet dort ein Massaker an, dem
viele Vertreter der neapolitanischen Intelligenz zum Opfer
fallen.

Damit schien ein Angsttraum bürgerlicher Spätaufklärer, die
Entfesselung des durch klerikale Einflüsterung aufgehetzten
Pöbels zur Wiederherstellung der alten autokratischen Ordnung, Wirklichkeit geworden – noch für die Liberalen des
19. Jahrhunderts ein schwerwiegendes Argument gegen die
sofortige Einführung der Demokratie. Nüchterne Betrachtung
der Vorgänge zeigt, daß Ruffo Versäumnisse des neuen Regimes, z. B. die Vernachlässigung bäuerlicher Interessen, ältere
Konflikte zwischen Stadt und Land, Rivalitäten zwischen Regionen, schwelende Vendettas, vor allem aber traditionelle
Mentalitäten mit ihrem Haß gegen bürgerliche Aufsteiger ge-
schickt zu nutzen verstand.

Dieser Ausschlag des Pendels aber war nicht von Dauer. Nach dem Sieg Napoleons bei Marengo im Juni 1800 stabilisieren sich die Mächteverhältnisse in Italien für anderthalb Jahrzehnte. Außerhalb des französischen Einflusses stehen nur Sardinien, das der vom Festland vertriebenen piemontesischen Dynastie verbleibt, das Österreich zugeschlagene Veneto und Sizilien, das 1806 bis 1815 unter englischer Vorherrschaft den Import der liberalen britischen Verfassung mit einem Zweikammerparlament erlebt. Dieses verfügt zwar die Abschaffung des Feudalismus, doch führt auch hier die Aufhebung adeliger Erbgesetze und kommunaler Weiderechte zur Festigung adeligen Grundbesitzes. Unter veränderten Bedingungen bleibt so die soziale Dominanz des Adels auf dem Lande ungebrochen.

Das übrige Italien wird mehr denn je zum willenlosen Objekt französischer Politik. Im folgenden in Stichworten die wichtigsten Stationen der rastlosen politischen Neuordnung. Genua/Ligurien: Ligurische Republik ab Juni 1797, 1805 Anschluß an das französische Empire; Piemont: ab 1799 von Frankreich annektiert; Toskana: ab 1799 unter französischer Verwaltung, nach gegenrevolutionärer Unterbrechung im selben Jahr und den franko-spanischen Verträgen von 1800/01 Inthronisierung eines Königs von Etrurien aus der Linie der Herzöge von Parma, 1808 Anschluß an Frankreich, 1809 Ernennung von Napoleons Schwester Elisa zur Großherzogin unter direkter Kontrolle des Kaisers; Rom und der Rumpfkirchenstaat: Februar 1798 Ausrufung der – schon Ende des Jahres von neapolitanischen Truppen niedergeworfenen – Republik; 1801 Wiederherstellung des Rumpfkirchenstaates unter päpstlicher Herrschaft; 1808 Einmarsch französischer Truppen in Rom, das mit seinem verbliebenen Gebiet dem Empire eingegliedert wird. Festländisches Süditalien: nach der Republik von 1799 für sieben Jahre bourbonische Restauration; 1806 Erhebung von Napoleons Bruder Joseph, zwei Jahre später von Joachim Murat, Schwager des Kaisers, auf den neapolitanischen Thron; unter Murat Versuche, eine „bodenständige" Monarchie zu begründen.

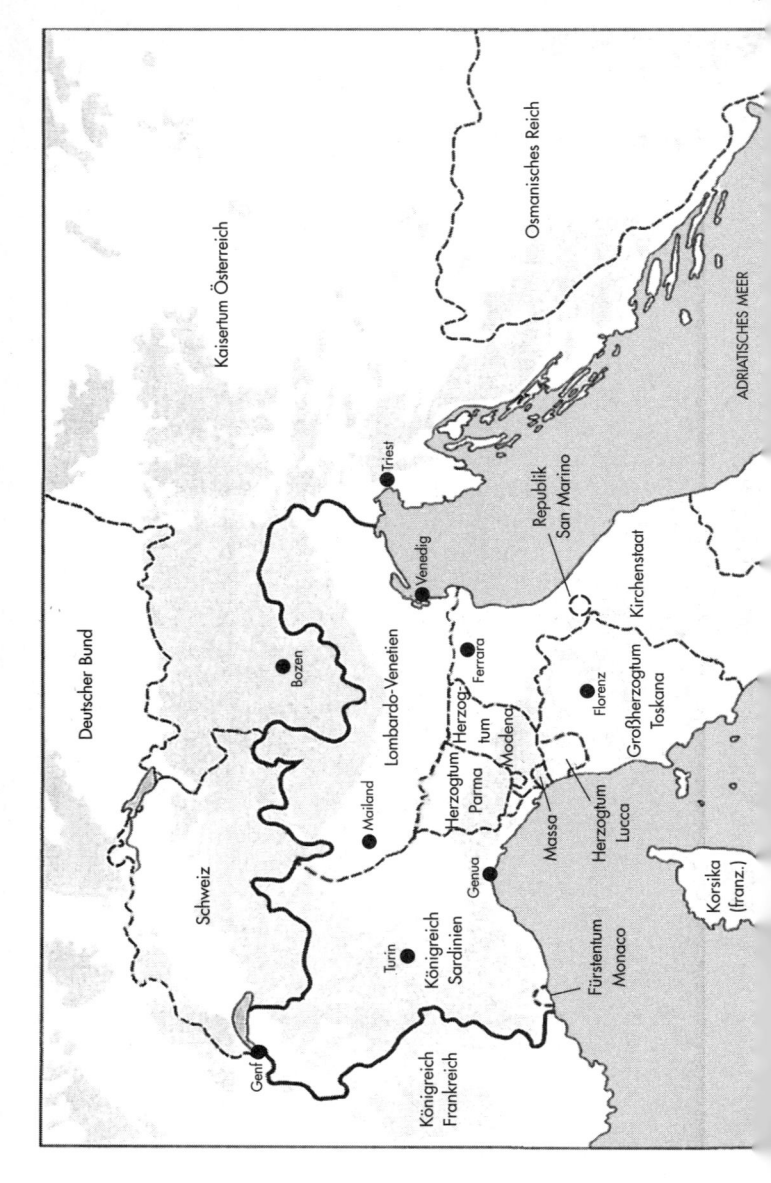

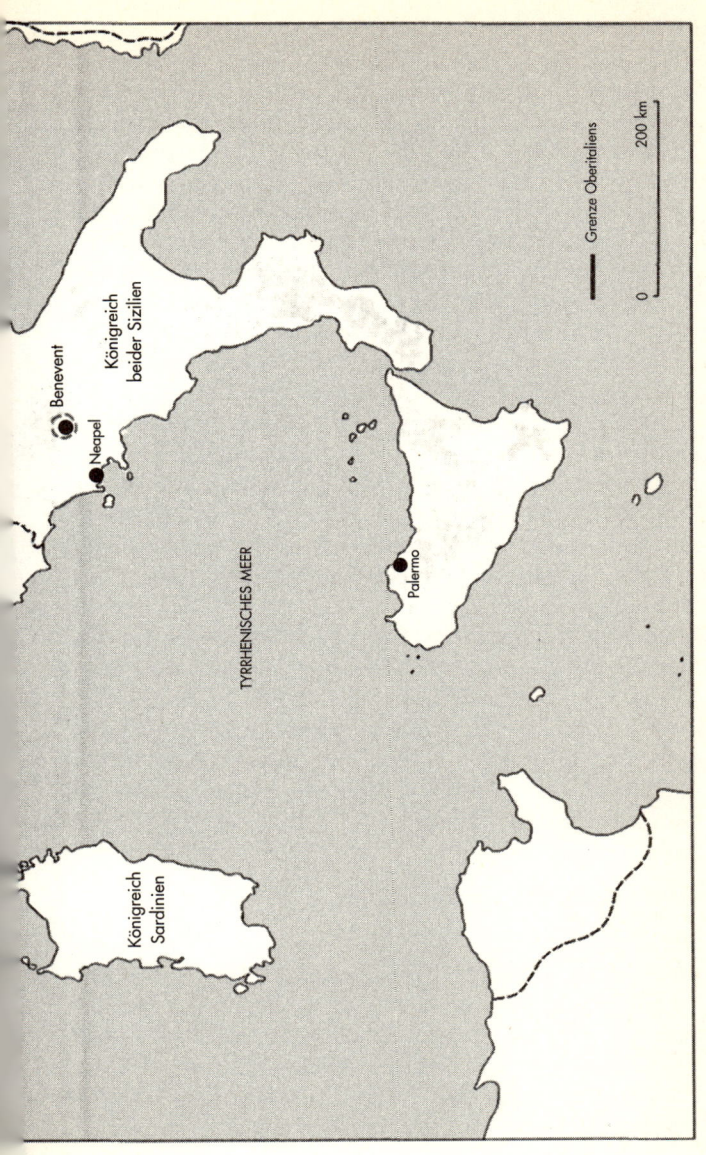

Italien 1815

Die Cisalpinische Republik schließlich war nach Napoleons Kaiserkrönung zum Königreich Italien mutiert, dessen Titel wie die Eiserne Krone der Lombarden, die sich Napoleon aufs Haupt setzte, uralte Erinnerungen beschwor. Überhaupt sticht der Kontrast von Altem und Neuem in der Napoleonischen Neuordnung Italiens ins Auge: Einführung straff hierarchischer, am französischen Präfektursystem orientierter Verwaltung und am Code Napoléon ausgerichteter Gesetzbücher für eine bürgerliche Wettbewerbsgesellschaft auf der einen, das europäischer Kabinettspolitik alten Stils entsprechende Jonglieren mit Staaten und Thronen, die Ausstattung von Verwandten mit Titeln und nicht zuletzt die Verteilung von Pfründen an Getreue auf der anderen Seite – und das alles auf dem Boden, auf den Schultern Italiens. Dennoch sind hinter all diesem hektischen Wechsel dauerhafte Prägungen nachweisbar. Vor allem in der Cisalpinischen Republik bzw. im Königreich Italien macht die Oberschicht mit den Vorteilen eines von kirchlicher Einmischung freien modernen Verwaltungsstaates Bekanntschaft, der eine ihren Interessen entsprechende Rechts- und Wirtschaftsordnung schafft.

Nachdem die Restauration 1814/15 die Strukturen des Napoleonischen Italiens getilgt hatte, gab es mehr als drei Jahrzehnte lang nur Abstufungen von Rückschrittlichkeit; auf dieser Skala der Zurückschraubung schneidet die Toskana durch Mäßigung und relative Kontinuität am günstigsten ab, während die restaurierten Monarchien in Turin und Neapel die hintersten Plätze belegen.

Die Nation als Wille und Vorstellung

Wie überall in Europa scheidet die Französische Revolution die Geister in ideologische Lager: rechts die Totalrestauratoren, in der Mitte liberale Strömungen, von denen sich allmählich demokratische Bewegungen abheben, und auf dem äußersten linken Flügel die Anhänger des Babeuf-Genossen Filippo Michele Buonarotti, der die Wurzel aller sozialen Schäden im Privateigentum erblickt. Dazwischen, dem embryonalen

Stadium der Parteienbildung entsprechend, Übergänge und Grauzonen, die sich erst in den 1830er Jahren klären.

Vor allem aber vollzieht sich in den Napoleonischen Jahren die Hinwendung der Intellektuellen zur Nation: zur Nation als Allheilmittel gegen alle moralischen und politischen Gebresten, als bergendem Hafen der Brüderlichkeit, als allein lebenswertem Existenzrahmen. Die Nation allein bietet Zuflucht nach so vielen Frustrationen: nach dem Scheitern der aufgeklärten Reformen, nach dem Ausbleiben des revolutionären Menschheitsmorgens, nach der brennend empfundenen Demütigung Italiens als willenloses Objekt fremder Großmachtpolitik, nach der Einrichtung einer seelenlosen Honoratiorengesellschaft, in der nicht der Geist, sondern das Geld regiert. Alle diese Motive verdichten sich zu einem generationsspezifischen Lebensgefühl in Ugo Foscolos (1778–1827) Roman ‚Letzte Briefe des Jacopo Ortiz‘ (1802), dessen Titelheld im Winter 1797/98 durch ein innerlich und äußerlich erfrorenes Italien irrt, in dem der krasse Eigennutz, das schamlose „Bereichert-Euch“ legalisierter Notabeln-Diebe, die Arroganz unverbesserlicher Aristokraten, Sprachlosigkeit zwischen Schichten und Individuen und französische Willkür vorherrschen. Als Vertreter einer epigonalen, von hamletscher Handlungsschwäche angekränkelten Generation, welche die Größe der Vorväter zwar zu erkennen, aber nicht zu erreichen vermag, findet Ortiz nicht den Durchbruch zum nationalen Handeln, sondern, aller Werte und Lebenstriebe verlustig, den Tod von eigener Hand. Das Gelobte Land der Brüdernation wird nicht diese verlorene, sondern erst eine spätere, tapfere Generation betreten, der die Geschichte selbst zur Hilfe kommen wird: In Foscolos Dichtung ‚Die Gräber‘ spülen die Mereswellen dem Helden Ajax die Siegestrophäen, um die ihn der listenreiche Odysseus betrogen hat, post mortem zu.

Das traumatische Bewußtsein, als Enkel in dürftiger Zeit ein reiches nationales Erbe durch Willensschwäche vergeudet zu haben, daraus abgeleitet der Impuls, das eigene Blut für das geschundene Vaterland zu vergießen – all das ist literarischer Topos und zugleich mehr: authentischer Ausdruck von Lebensgefühl. Bis zum selbstquälerischen Exzeß steigert er sich in den nationalen Gedichten Giacomo Leopardis (1798–1837). Leopardi, als Dichter, Philologe und Zeitkritiker die größte geistige Potenz im Italien seiner Zeit, durchbricht später als einer der ganz wenigen den Bann der nationalen Fixierung und stößt, aller liberalen Fortschrittsgläubigkeit hohnsprechend, in seinen späten Dichtungen zu einem die tragischen Widersprüche der menschlichen Existenz freilegenden, zutiefst pessimistischen Weltbild vor.

Für die Gesellschaft und Politik Italiens im 19. Jahrhundert prägenden Schichten aber wird die Nation, aus den luftigen Höhen von Literatur und Philosophie auf den Boden von Staat und Wirtschaft herabgeholt, zu einem Selbstzweck, zu einem Element eigener Identität und auch zum Handlungsimpuls, den man allerdings nüchtern gewichten sollte. Einen Zusammenschluß des nördlichen und mittleren Italien ließen über alle idealen Motive hinaus gerade auch ökonomische Gründe angeraten erscheinen. Eine ideologische Massenbasis hat das Risorgimento jedoch nie gewinnen können. Die Vorstellung von der Notwendigkeit oder auch nur Wünschbarkeit des Nationalstaates bleibt auf die gebildeten und besitzenden Schichten beschränkt; nur in den fortgeschritteneren Metropolen des Nordens werden breitere Kreise von diesen Ideen erreicht. Die überwältigende Mehrheit der Italiener, vor allem auf dem Lande und am ausgeprägtesten im Süden, steht ihnen verständnislos bis feindselig gegenüber.

Widerstand gegen die auf die alleinige Legitimität fürstlichen Rechts gestützte, mit dem Namen des leitenden österreichischen Ministers Klemens Fürst von Metternich verbundene restaurative Ordnung Italiens, die Liberalismus, Konstitutionalismus und Nationalismus gleichermaßen bekämpft, äußert sich früh – wie angesichts der extremen Zurückdrehung der geschichtlichen Uhren nicht anders zu erwarten. Drei revolutionäre Wellen unterschiedlicher Stärke folgen in den Jahren 1820/21, 1831 und 1848/49 aufeinander. Die erste, vor allem von Offizieren getragene Bewegung erfaßt Neapel und Piemont, während der zweite revolutionäre Schub die durch extreme Reaktion neuralgischen Punkte, das Herzogtum Modena und den Kirchenstaat, erschüttert. Auf die Einführung von Verfassungen nach spanischem, d.h. demokratischem, Vorbild gerichtet, scheitern beide daran, daß die Mehrheit der Bevölkerung abseits steht; die Aufstände von 1831 leiden unter heftigen lokalen Rivalitäten. Überwiegend von Geheimgesellschaften (*carbonari*) getragen, besaß diese Opposition zudem nicht die zum Erfolg nötige Klarheit der Ideologie, geschweige denn eine angemessene Organisationsstruktur.

So lautete die hellsichtige Kritik des Mannes, der wie kein anderer Europäer in seinem Jahrhundert zur Verkörperung demokratischen Strebens nach nationaler Unabhängigkeit, aber auch unüberbrückbar scheinender Widersprüche wurde. 1805 in Genua als Sohn eines Medizinprofessors geboren, Jurastudent, Geheimbundmitglied und als solches ins Exil getrieben, gründet Giuseppe Mazzini 1832 mit ‚La giovine Italia‘ („Das junge Italien") keinen politischen Club und keine Partei, sondern eine Glaubensgemeinschaft Gleichgesinnter, die unter der Führung ihres charismatischen Propheten einen vom Willen der Nation selbst gebahnten Weg zur Einheit auf ihre Fahnen schreibt. Durch seine Belesenheit und seinen religiös fundierten Idealismus geradezu Prototyp des Bildungsbürgers, wird Mazzini bis zum Ende seines Lebens doch zum Schreckensbild der Honoratioren, der etablierten Mächte, aber auch Camillo di Cavours, der in ihm eine größere Bedrohung des zu schaffenden Italien sieht als in den alten Mächten. Persönlich von äußerster Anspruchslosigkeit und Menschlichkeit, wird der feinsinnige Gewaltverächter, der den größten Teil seines Lebens im Ausland verbrachte, doch nicht müde, trotz nicht abreißender Fehlschläge immer und immer wieder zum Aufstand aufzurufen, um so die Einheit von unten und aus eigener Kraft herbeizuzwingen – und damit idealistische junge Männer in den Tod zu treiben. Mit seinem aus älteren Systemen zusammengesetzten und dennoch in vielem originellen, zugleich aber auch dogmatisch verfestigten Gedankengebäude hat Mazzini die demokratische Strömung des Risorgimento zum einen programmatisch fundiert und zum anderen verengt; gegen die prophetische Gewalt seiner Verkündigung vermochten sich die rational geprägten Ideen eines Carlo Cattaneo oder Giuseppe Ferrari nicht durchzusetzen.

Ausgehend vom Walten einer die Geschichte lenkenden göttlichen Vorsehung, die den meisten Nationen eine geschichtliche Mission aufgetragen habe, sieht sich Mazzini als Vollstrecker des an Italien ergangenen Auftrags, Nation zu werden und damit anderen unterdrückten Völkern Europas als Leitstern zur Freiheit zu dienen. Die Verwirklichung des Nationalstaates durch einen von hoher Ethik der Brüderlichkeit begründeten Willensakt wird damit nicht nur zur moralisch-religiösen Verpflichtung, sondern darüber hinaus zum Berechtigungsnachweis Italiens, Nation zu sein. Diese Mission konnte und durfte Italien niemand abnehmen – die von Cavour mit diplomatischer Meisterschaft gewonnene Unterstützung Frankreichs erscheint in diesem Licht als verachtungswürdige Erschlaffung. Innere wie äußere Einheit kann nur ein demokratischer Zentralstaat garantieren; er allein kann die Erziehung zu nationaler Solidarität vorantreiben, soll aber keineswegs regionales Eigenleben unterdrücken. Hat in der Phase des Unabhängigkeitskampfes gegen die fremden Mächte die Erringung äußerer Freiheit absoluten Vorrang, so muß danach die innere Freiheit durch eine demokratisch gewählte Nationalversammlung in die Wege geleitet werden. Das Zusammenleben im Nationalstaat wiederum soll durch friedliches Aufeinanderzugehen der sozialen Schichten bestimmt sein – eine materielle und kulturelle Angleichung, die ohne Enteignung, Gewalt und Klassenkampf bewältigt werden muß. In späteren Jahren hat Mazzini, an der Bereitschaft der Besitzenden zu einem solchen Entgegenkommen irre geworden, der genossenschaftlichen Selbstorganisation der Arbeiter besondere Bedeutung zugemessen. Das von oben geeinte Italien hat er bis zu seinem Tod als Zerrbild eines wahren Nationalstaates bekämpft.

Ein einziges Mal in vier Jahrzehnten bot sich Mazzini Gelegenheit zu revolutionärer Praxis – auf dem Kamm der Aufstandswelle von 1848/49, die ganz Italien erfaßte. Sie hatte im März 1848 die Österreicher aus Oberitalien hinweggefegt – in

Mailand nach den blutigen Straßenkämpfen der mythischen „Fünf Tage", in Venedig in weniger gewaltsamen Formen. Nach dem Abschütteln der Fremdherrschaft trat die tiefe Uneinigkeit über die Ziele hervor; gegen die Mazzinianer setzten sich schließlich die konservativeren Kräfte durch, die eine Republik als sozialen Umsturz fürchteten und sich die Wahrung ihrer Interessen im Anschluß an Sardinien-Piemont versprachen. Dessen König Carlo Alberto hatte die günstige Gelegenheit zur Westerweiterung mit der Kriegserklärung an Österreich genutzt, unterlag aber im Juli 1848 dem österreichischen Feldmarschall Joseph Wenzel Graf Radetzky, womit die Revolution in Mailand zu Ende war, nicht aber in Venedig, das weiterhin Widerstand leistete.

Das revolutionäre Heldenepos jedoch spielte sich in Rom ab. Hier war Papst Pius IX. (1846–1878), der nach seiner Wahl durch populäre Gesten Liberalisierungs-, ja Einigungshoffnungen geweckt hatte, die er nicht einzulösen vermochte, nach zunehmender Radikalisierung im November 1848 aus seiner Hauptstadt geflohen, in der jetzt zum zweiten Mal in gut einem halben Jahrhundert die Republik ausgerufen wurde. Offiziell Triumvir, de facto politisches Haupt, gewann Mazzini mit moderaten sozialen Reformplänen über die übliche Trägerschicht des Risorgimento hinaus Anhang.

Den größten Ruhm aber erntete der militärische Führer, Giuseppe Garibaldi, 1807 als Sohn eines Fischers in Nizza geboren und schon früh Anhänger Mazzinis, der sein großes militärisches Talent in Südamerika unter Beweis gestellt hatte und dieses Prestige jetzt kräftig mehrte. Der heroische Widerstand der republikanischen Kräfte gegen die überlegenen französischen Truppen, deren Entsendung der frisch gewählte Präsident Louis-Napoléon Bonaparte (wenig später Kaiser Napoleon III.) aus Rücksicht auf konservativ-katholische Kreise zugestimmt hatte, wird zur Quelle der für den Fortgang des Risorgimento dringend benötigten moralischen Energien. Denn am Ende mußte die römische Republik am 3. Juli, das von österreichischen Truppen bombardierte Venedig am 22. August 1849 kapitulieren.

Wie überall in Europa zogen die Überlebenden aus dem Scheitern der Revolution jetzt die Lehren. Unter den Trümmern blieb zweierlei erhalten: für die Demokraten der unzerstörbare Heldenmythos des Kampfs um Rom; für die gemäßigten, liberalen Kräfte das Statuto, die piemontesische Verfassung vom 5. März 1848, die im Gegensatz zu den übrigen revolutionär abgerungenen Konstitutionen Italiens in Kraft blieb. Daß sie mehr als ein Stück Papier, nämlich zur Grundlage einer funktionierenden konstitutionellen Monarchie wurde und damit das liberale Honoratioren-Italien für Piemont zu gewinnen vermochte, ist in hohem Maße das Verdienst des Staatsmannes, der jetzt die Politik in Turin und dann in Italien bestimmt – im Zusammen-, aber auch im Widerspiel mit König Vittorio Emanuele II., der mehr ist als ein gekrönter Statist, doch weniger als sein erster Minister.

Das Jahrzehnt Cavours

Camillo Benso di Cavour (1810–1861), der Mann, der als Ministerpräsident Sardinien-Piemonts (1852–1861) und danach ganz kurz Italiens den Weg des Landes zur Einheit von oben, liberal, pragmatisch und autoritär zugleich, verkörpert, entstammte einer angesehenen piemontesischen Adelsfamilie, die sich in Napoleonischer Zeit durch Kauf von Kirchengütern finanziell bereichert hatte und dann genauso klug auf die Seite der Restauration übergewechselt war. Durch seine Mutter dem calvinistischen Patriziat Genfs, lebenslang der angelsächsischen Sphäre eng verbunden, zeigt sich Cavour vom romantischen Kult der Nation wenig, dafür von der Dynamik des industrialisierten Westeuropa um so stärker beeindruckt und entwickelt von dieser Prägung her ein evolutionär und ökonomisch ausgerichtetes Welt- und Geschichtsbild. In ihm tritt die von einer risikobereiten und kapitalkräftigen Oberschicht (er selbst spekulierte und investierte, oft riskant genug) getragene wirtschaftliche Modernisierung als Voraussetzung politischer Entwicklung beherrschend hervor.

Politik als Kunst des Zeitgemäßen besteht darin, die der jeweiligen sozioökonomischen Entwicklungsstufe angemessenen staatlichen Einrichtungen zu schaffen, ohne sich über deren Ewigkeitswert Illusionen zu machen. Sein ungewöhnlich geschärftes Bewußtsein unaufhaltsamen, allumfassenden historischen Wandels und die daraus gewonnene Einsicht in die relativierende Kraft geschichtlicher Veränderung heben Cavour über den europäischen Gemeintypus des Honoratioren-Liberalen hinaus, so weitgehend seine praktischen Folgerungen und Forderungen – eine starke Monarchie als Exekutive, rigorose Beschränkung des Wahlrechts durch einen hohen Zensus (wahlberechtigt in Piemont: ein Prozent der Bevölkerung, in manchen Wahlkreisen wenige Dutzend Personen) – auch mit diesem übereinstimmen mögen.

Zwischen diesen Vorstellungen und den Ideen Mazzinis klaffte eine unüberbrückbare Kluft, die alle später in Umlauf gesetzten Einheitsmythen auf Dauer nicht verdecken konnten. Ebensowenig aber sollte man Cavour als gewissenlosen Machtmenschen dämonisieren. Gewiß war er ein begnadeter Manipulator, den keine Skrupel plagten, bei Bedarf die Presse und die Opposition einzuschüchtern und dadurch Wahlen in seinem Sinne zu beeinflussen. Deplaziert aber ist der (dem Historiker ohnehin übel anstehende) erhobene Zeigefinger zum einen angesichts der Zeitüblichkeit dieser Methoden, zum anderen, weil diese Manöver überwiegend die Stärkung eines noch ungefestigten konstitutionellen Systems zum Ziel haben. Und schließlich sind die Virtuosenstücke inneren Fädenziehens auf die Einigung Oberitaliens gerichtet.

Herbeigeführt wird sie mit den Mitteln einer meisterlich gehandhabten Diplomatie. Sie folgt der – durch die vielen blutig zusammengebrochenen Aufstände Mazzinischer Prägung genugsam bewiesenen – Erkenntnis, daß Österreich nur mit der Unterstützung einer weiteren europäischen Großmacht aus Norditalien zurückgedrängt werden kann. Zu diesem Zweck wird Napoleon III. nach allen Regeln der Kunst geködert: mit der Gloriole des Förderers nationaler Selbstbestimmung und mit handfesten Gebietsgewinnen. Ein Bündnis wird geschlossen, in dem der an Machtmitteln schwächere Partner, Cavour, der lenkende, der spiritus rector ist. Anfangs läuft auch alles programmgemäß: Österreich wird zum Krieg provoziert und im Juni 1859 bei Magenta und Solferino in zwei blutigen Schlachten besiegt. Dann das Unvorhergesehene: Napoleon schließt im Juli, gegen alle Absprachen, mit Österreich den Vorfrieden von Villafranca. Dadurch wird die vereinbarte Aufteilung – Oberitalien an Piemont, ein eigenständiges Mittelitalien, dazu der Rumpfkirchenstaat und das Bourbonische Königreich beider Sizilien – hinfällig; Cavour tritt aus Protest zurück.

Darauf folgt ein zweiter nicht geplanter Akt: In der Toskana, den Herzogtümern Modena und Parma und in der zum Kirchenstaat gehörigen Emilia-Romagna ergreifen ab Juni 1859 die lokalen Honoratioren die Initiative und die Macht. Nach einer prekären Zwischenzeit um die Jahreswende wird Anfang 1860 der von ihnen erstrebte Anschluß an Piemont zeitüblich, d.h. durch Plebiszite, legitimiert. Diesmal wird Napoleons Zustimmung teuer erkauft, nämlich durch die – gleichfalls plebiszitär abgesegnete – Abtretung Savoyens und Nizzas, Garibaldis Heimat.

Der dritte, ebenfalls nicht vorgesehene Akt aber brachte den Höhepunkt. Nach der Einigung von oben, durch Cavours Diplomatie und die starken regionalen Führer wie Bettino Ricasoli in der Toskana und Luigi Carlo Farini in der Emilia möglich geworden, hebt sich, von ganz Europa atemlos verfolgt, im Süden der Vorhang zu einem Stück von beispielloser Dramatik. Von dem inzwischen wieder ins Amt gekommenen Cavour, be-, aber nicht gehindert, sticht Garibaldi am 6. Mai 1860 mit gut tausend schlecht bewaffneten Anhängern (den legendären „Mille"), vor allem Studenten, Freiberuflern, Handwerkern, in zwei rostigen Seelenverkäufern Richtung Sizilien in See. Dort hatten kurz zuvor ausgebrochene Aufstände ihren Gipfel bereits überschritten; ein Klima der Spannung und Erwartung aber blieb bestehen.

Ausschlaggebend für Garibaldis Siegeszug, der mit einem ersten, im Nahkampf erfochtenen Erfolg bei Calatafimi am 15. Mai 1860 beginnt und sich bis zur Eroberung Neapels am

7. September rasch fortsetzt, sind prosaischere Motive. Seit sich abzeichnet, daß Besitz und soziale Hierarchien unangetastet bleiben, schwenkt ein Großteil der Oberschicht auf die Seite Garibaldis über, hinter dem sich Vittorio Emanuele II. als neuer Landesherr abzeichnet. Denn dessen Truppen sind im September 1860 in den Kirchenstaat eingefallen und auf dem Weg nach Süden, ebenso wie die führenden Demokraten, die Garibaldi in letzter Minute beschwören, die frisch eroberte Macht nicht an den Monarchen abzutreten – vergeblich. Im Herbst 1860 abgehaltene Plebiszite erbringen überwältigende Mehrheiten für den Anschluß an das geeinte Italien. Die Verfassung des im März 1861 aus der Taufe gehobenen Königreichs Italien, formaljuristisch ein durch „Anschluß" erweitertes Sardinien-Piemont (weshalb der König, sehr zum Ärger echter Patrioten, weiterhin die Zwei hinter seinem Doppelnamen führte), ist das Statuto. Neue Hauptstadt wird, sehr zum handgreiflich bezeugten Unwillen der Turiner, 1865 Florenz. Rom nämlich, heiß begehrt und von Garibaldi vergeblich berannt, ist nicht verfügbar; hier regiert, von französischen Truppen geschützt, im Windschatten der Geschichte der Papst. Die noch ausstehenden Gebiete, das Veneto und den Rumpfkirchenstaat, gewinnt das Königreich im Abstand von vier Jahren, allerdings auf unheroische Weise, gewissermaßen als Trittbrettfahrer der europäischen Geschichte. 1866 verbündet sich Italien mit Preußen gegen Österreich und erhält nach dem Sieg der protestantischen Großmacht bei Königgrätz den Nordosten, allerdings ohne Triest. Und als im Sommer 1870 die das päpstliche Rom schützende französische Garnison auf den deutsch-französischen Kriegsschauplatz abgezogen wird, sind die italienischen Truppen schnell zur Stelle. Die in die römische Porta Pia am 20. September 1870 geschlagene Bresche mit nachfolgendem Sturm bildet die wirkungsvolle Inszenierung einer simplen Einverleibung.

VII. Wegmarken einer schwierigen Modernisierung

Der gespaltene Einheitsstaat

Die Art und Weise, wie 1866 und 1870 das Risorgimento abgeschlossen wird; daß Garibaldis Zug von Kalabrien nach
Rom 1862 von der italienischen Armee blutig gestoppt wird;
die Übernahme bourbonischer Offiziere statt garibaldischer
Freischärler in die italienischen Streitkräfte: all das sind Ursachen einer tiefen postunitarischen Ernüchterung, ja Depres-
sion. Zudem brachte die Eroberung Roms neue Belastungen,
verbot doch der sich als Gefangener im Vatikan betrachtende
Papst den Gläubigen die aktive Teilnahme am politischen Leben der Nation und verhinderte damit auf Jahrzehnte hinaus
eine katholische Interessenvertretung im Parlament.

Der eigentliche Konfliktherd aber liegt im Süden. Hier tref-
fen im „Banditenkrieg" Unterschichten und Staat, ländliche
„Guerilla" und reguläre Armee aufeinander; entsprechend re-
gellos und grausam wird der Kampf: Kreuzigungen auf der einen, standrechtliche Erschießungen auf der anderen Seite. Der
Widerstand richtet sich gegen die Aufhebung der Klöster, gegen
neue Steuern und Aushebung zum Wehrdienst, allgemein gegen
die Einmischung des Staates in immer weitere Lebensbereiche,
aber auch gegen die vom Regimewechsel profitierenden Aufsteiger, die die Organe des neuen Staates rücksichtslos zur
Verfolgung eigener Interessen einspannen. Ab 1860 werden
Camorra und Mafia Machtfaktoren im Süden. Garibaldi gei-
ßelt in seinen durch programmatische Hilflosigkeit anrühren-
den, von ohnmächtigem Zorn auf Priestergezücht und parasitäre Müßiggängereliten geprägten Erinnerungen an den Zug
der Tausend die Camorra als Prätorianergarde der Mächtigen.
Doch war schon die Übernahme Neapels durch die Gari-
baldianer im September 1860 mit den Führern der Camorra
abgesprochen – immerhin kommandiert sie große Teile der
Unterschicht am Vesuv und baut, wenn sie nicht gerade als
Hilfstruppe der Mächtigen fungiert, durch Erpressung von Abgaben eine Schattenwirtschaft auf. Die ungelösten Probleme

des Südens – ökonomische Rückständigkeit, Unterernährung, Analphabetismus, klienteläre Abhängigkeit weiter Kreise von lokalen Eliten – schlagen sich in Massenauswanderung nieder.

Nüchtern betrachtet, erscheint der frisch erbaute National-staat als Abbild der ihn tragenden Eliten. Die in den ersten anderthalb Jahrzehnten tonangebenden konservativen Liberalen nämlich wähnten sich von Feinden, von fanatischen Klerikern, unversöhnlichen Radikalen und ländlichen Banditen, umzingelt. In dieser Lager-, ja Belagerungsmentalität liegt eine Erklärung für die ausgeprägt autoritären Züge des „liberalen" Staates nach 1861. Die Präfekten der Provinzen nämlich handelten als Transmissionsriemen der Regierung, in deren Auftrag sie Oppositionelle schikanierten und Wahlen „kontrollierten" – bei (anfangs) einer halben Million Wahlberechtigten (etwa zwei Prozent) keine allzu schwierige Aufgabe.

In einem dergestalt zustandegekommenen Honoratioren-Parlament ergeben die üblichen Parteibezeichnungen nur begrenzt Sinn; vielmehr treten um einflußreiche Persönlichkeiten geknüpfte klienteläre Netzwerke beherrschend hervor. Regierungskoalitionen sind vorwiegend Allianzen zwischen Führern und ihrer Gefolgschaft aus der von rechts-etatistisch bis antiklerikal-links vielfältig abgestuften politischen Mitte – und entsprechend labil. In diesem komplexen Regel- und Räderwerk kann selbst der Rücktritt ein Befreiungsschlag sein.

Programmatische Frontlinien verwischt vor allem der schon von Cavour virtuos beherrschte *trasformismo*; dieser unübersetzbare Begriff bezeichnet die Einbindung von Opposition durch Teilhabe an der Macht und ihren Privilegien. Kompliziert wurden die Spielregeln zudem dadurch, daß die in vieler Hinsicht rudimentäre Verfassung die Kompetenzen des Parlaments stark beschnitt. Formell waren die Minister nicht ihm, sondern dem König verantwortlich, der Dekrete mit Gesetzeskraft erlassen und als Oberkommandierender der Armee ohne Beiziehung des Parlaments über Krieg und Frieden entscheiden konnte. Im Einvernehmen mit dem Monarchen vermochte ein Ministerpräsident also gegen das Parlament zu regieren. Ein autoritärer Umbau, wie ihn Francesco Crispi und seine Nachfolger Antonio Di Rudinì und Luigi Pelloux planen, schlägt allerdings fehl. Crispi stürzte 1896 über das Desaster seiner äthiopischen Eroberungspolitik. Ansprüche auf afrikanische Kolonien hatte Italien seit den 1880er Jahren anzumelden begonnen – ein imperialistisches Vermächtnis, auf das sich Mussolini berufen wird. Um dieselbe Zeit hatten sich nationalistische, „irredentistische" Strömungen herausgebildet, die den Anschluß „unerlöster" Gebiete bis zur Brennergrenze und in Dalmatien fordern.

Trotz aller Unzulänglichkeiten zeigt sich das politische System entwicklungsfähig, als sich im Gefolge der ab den 1880er Jahren im Norden rasch voranschreitenden Industrialisierung die sozialen, politischen und mentalen Verhältnisse tiefgreifend wandeln. Der von Giovanni Giolitti, in den anderthalb Jahrzehnten vor dem Ersten Weltkrieg unbestritten Klientelführer Nummer eins der italienischen Politik, virtuos praktizierte *trasformismo* führte schließlich zu weitgehender Neutralität des Staates in Arbeitskonflikten und 1912 zur Ausdehnung des Wahlrechts auf nahezu alle volljährigen männlichen Italiener. Gerade dieser Schritt aber wirkte nicht, wie erhofft, systemstabilisierend, sondern letztlich systemsprengend. Die Zeit des Honoratioren-Parlaments war vorbei, die Stunde der Massenparteien hatte mit dem Ausbruch des Ersten Weltkrieges geschlagen. In ihm bleibt Italien, seinen traditionellen Verbündeten Deutschland und Österreich-Ungarn zunehmend entfremdet, anfangs neutral. Die Kriegserklärung gegen Österreich-Ungarn am 23. Mai 1915 kommt gegen eine ursprünglich anti-interventionistische Parlamentsmehrheit aus machtpolitischem Kalkül zustande. Ausschlaggebend dafür sind Gebietsgewinne auf Kosten Österreichs, die Italien im Londoner Abkommen vom 26. April 1915 versprochen werden; sein Inhalt bleibt dem Parlament, selbst Kabinettsmitgliedern verborgen – Symptom für den sich abzeichnenden Untergang eines politischen Systems. Stetig stärker wird statt dessen der Druck der Straße.

Statt, wie von Irredentisten und Nationalisten erhofft, zu einem Läuterungsbad nationaler Gesinnung wird der Waffengang mit Österreich, ungenügend vorbereitet, zu einem mit knapper Not bestandenen Existenzkampf, vor allem nach dem Einbruch der Front bei Caporetto im Herbst 1917. Die Kosten des Sieges aber waren erdrückend: durch schwindelerregende Staatsverschuldung, durch Massenarbeitslosigkeit und soziale Spannungen. Zudem blieben die nationalen Instinkte breiterer Kreise unbefriedigt, sahen sie doch Italien um den Lohn seiner Leiden, um Gebiete in Dalmatien, vor allem um Fiume/Rijeka, betrogen. Freischaren unter der Führung des Literaten-Politikers Gabriele D'Annunzio finden hier eine wirksame Agitationsbühne. Als Erbe des Krieges herrscht somit im Zeichen von Arbeitskämpfen, Fabrik- und Landbesetzungen ein Klima der Gewalt. Dem Verlust der Ordnung konnten bzw. wollten Regierung und Parlament nichts entgegensetzen. In ihm waren seit den Wahlen vom Mai 1921 die Sozialisten und die (1919 gegründete) Katholische Volkspartei, auch sie links von der Mitte angesiedelt, die stärksten Kräfte, während die ebenfalls neue Gruppierung der Faschisten eher schwach vertreten war.

Deren Machtbasis lag anderswo, in den bewaffneten Banden (*squadre*), die sich in den an Erbitterung stetig zunehmenden sozialen Kämpfen als Ordnungsmacht auf der Seite von Land- und Fabrikbesitzern profilierten und, von den Ordnungskräften kaum behindert, zur systematischen Zerschlagung von Parteiorganisationen, Gewerkschaftsverbänden und kommunalen Bastionen der Linken schritten. In den Augen liberaler Honoratioren wie des Philosophen und Historikers Benedetto Croce, später Haupt der inneren Emigration, ist der Führer der Faschisten, Benito Mussolini, nicht nur das kleinere Übel als Sozialisten und Kommunisten, sondern, richtig angeleitet, Garant einer besseren Zukunft. So betrachtet, erschien seine Berufung zum Ministerpräsidenten am 28. Oktober 1922 geradezu als Akt eines klugen *trasformismo* und wohlverstandener Staatsräson.

Für eine solche Einschätzung sprach der an Opportunismus und programmatischen Kehrtwendungen schwerlich zu überbietende Werdegang Mussolinis selbst. Als Sohn eines Schmieds und einer Dorfschullehrerin 1883 in der Romagna geboren, war Mussolini in der Sozialistischen Partei als Wortführer gewaltsamen Klassenkampfes rasch zum Herausgeber der Parteizeitung aufgestiegen, hatte sich danach aber mit untrüglichem Instinkt für den Zeitgeist zum Wortführer der interventionistischen Nationalisten mit eigenem Kampfblatt gewandelt. Als Führer der programmatisch in vieler Hinsicht unscharfen, vehementen Nationalismus mit Versprechen neuer sozialer Ordnung und Stabilität verbindenden Faschistischen Partei baute er 1921/22 mit großem taktischen Geschick eine Schlüsselposition auf: als Bollwerk gegen Chaos und Anarchie von Links und Rechts, als großer Dompteur, der allein die sozialistische Bedrohung, aber auch das Gewaltpotential der *squadre* und ihrer eigenmächtigen Provinzführer zu bändigen vermochte.

Dieses Image des respektablen Ordnungsgaranten gewann weiter an Konturen, als Mussolini im Januar 1923, überwiegend aus Ex-Squadristen, die Faschistische Miliz gründete, sich selbst unterstellte und aus staatlichen Mitteln besoldete, offiziell, um die revolutionären Errungenschaften zu schützen, in Wirklichkeit, um das Unruhepotential der *squadre* zu entschärfen. Gegen das neue Wahlgesetz, das der stärksten Gruppierung, sofern sie mindestens ein Viertel der Stimmen gewann, zwei Drittel der Sitze zusprach, regte sich im politischen Establishment kein Widerstand, um so weniger, als die Faschisten nicht nur mit Nationalisten, sondern auch mit konservativ-liberalen Notabeln, ja sogar mit einigen Vertretern der Volkspartei ein Wahlbündnis eingingen. Es kam im April 1924 auch ohne diese wundersame Sitzvermehrung auf zwei Drittel der Abgeordneten. Allerdings war diesmal die Opposition nicht, wie seit Jahrzehnten üblich, schikaniert, sondern terrorisiert worden.

Das faschistische Italien

Die Radikalisierung des bislang trotz aller autoritären Umgestaltungen nach außen honorig verkleideten Regimes erfolgte als Reaktion auf eine unvorhergesehene Krise. Durch die Ermordung des oppositionellen Reformsozialisten Giacomo

Matteotti im Juni 1924 aufs schwerste belastet, aber durch den Auszug der zersplitterten Opposition aus dem Parlament begünstigt und, wie schon im Oktober 1922, von König Vittorio Emanuele III. gestützt, ergriff Mussolini die Gelegenheit zur Gegenoffensive und übernahm die Verantwortung für die faschistische „Revolution" insgesamt (wenn auch nicht für den Mord), deren konsequente Umsetzung in Staat und Gesellschaft er ankündigte: 1925/26 wurden oppositionelle Parteien verboten, die Medien unter Zensur gestellt und neue autoritäre Institutionen geschaffen. Auch jetzt aber blieb breiterer Widerstand aus. Für etwa ein Jahrzehnt dürfte das neue System vom passiven Konsens der Bevölkerungsmehrheit getragen worden sein; diese vor einem Vierteljahrhundert noch heißumstrittene These ist nach dem Abflauen der ideologisch aufgeladenen „Faschismus-Modelle" heute viel weniger kontrovers. Stillschweigende Akzeptanz des Regimes bis 1936 bedeutet nicht faschistische Durchdringung der Bevölkerungsmehrheit, sondern deren Arrangement mit den als keineswegs unerträglich erachteten herrschenden Verhältnissen; am allerwenigsten zielt diese empirisch abgestützte Interpretation auf die Reinwaschung eines zutiefst pervertierten Systems.

Stabilisierend wirkten nicht zuletzt die im Februar 1929 abgeschlossenen Lateranverträge, welche die Wiederherstellung des Kirchenstaats in den Grenzen der Vatikanischen Mauern nebst einigen kleineren Enklaven, beträchtliche Entschädigungszahlungen an den Papst und ein Konkordat zu einem propagandistisch wirkungsvollen Paket schnürten: Mussolini als Heiler fast sechzig Jahre alter Wunden, als Aussöhner der Nation. Aber auch militärische Expansion dürfte zur Festigung der faschistischen Herrschaft beigetragen haben: Die 1936 erklärte Annexion Äthiopiens nach einem – vom Völkerbund mit ohnmächtigen Sanktionen belegten – Eroberungskrieg stieß bis in Arbeiterkreise hinein auf Zustimmung.

Die sich jeglicher Typisierung entziehenden, spezifischen Wesenszüge des faschistischen Regimes lassen sich am deutlichsten an einem tiefen Widerspruch festmachen: im Kontrast zwischen revolutionärem Anspruch und traditionellem Unterbau. In den höheren Etagen des Staatsapparates, in Verwaltung, Justiz, Militär, Polizei, herrschte weitgehende Kontinuität vor; obwohl durch Eintritt in die Partei äußerlich gewendet, waren die führenden Amtsträger zwar loyale Vollstrecker eines autoritären Staates, doch keine ideologisch eingeschworenen Faschisten. Vor Ort behielten die alten Eliten Autorität und Einfluß. Gegen die totalitäre Durchdringung der Gesellschaft und gegen ihre Verschmelzung mit dem Staat erwiesen sich weite Bereiche – Familie, Kirche, Erziehungsinstitutionen, klienteläre Netzwerke – als weitgehend immun. Durch internationales Ansehen unangreifbare Honoratioren wie Benedetto Croce konnten weiterhin Kritik äußern; weniger prominente Oppositionelle wurden zwar häufig in abgelegene Gegenden des Südens verbannt, aber selten noch härter bestraft – wiederum keine „Ehrenrettung" eines zutiefst inhumanen Regimes, sondern Belege für den Widerspruch zwischen totalitärer Fassade und ausbleibender radikaler Umgestaltung im Inneren.

Besonders dünn erwies sich die revolutionäre Tünche in der Wirtschafts- und Sozialpolitik. Hier hatten syndikalistische Strömungen eine Art dritten Weg zwischen Sozialismus und Kapitalismus, d.h. einen vom Staat garantierten nationalen Ausgleich zwischen Industrie und Gewerkschaften, gefordert. Auch die 1934 eingerichteten gemischten, Arbeitgeber und Arbeitnehmer unter einem Dach vereinenden 22 „Korporationen" aber blieben weitgehend Fassade. Andererseits ließ sich während der Weltwirtschaftskrise die Kaufkraft von Arbeitern und Angestellten, wiederum Akzeptanz fördernd, relativ stabil halten. Wurde die – Ernteerträge zu horrenden gesamtgesellschaftlichen Kosten um bis zu fünfzig Prozent steigernde – Weizenanbauschlacht von gewaltigem Propagandagetöse begleitet, so war die zweite einschneidende Veränderung im wirtschaftlichen Bereich alles andere als öffentlichkeitswirksam zu verwerten: Die Aufblähung des Staatsapparates schuf, wie in autoritären Regimen üblich, Pfründen für Gefolgsleute und steigerte damit Inkompetenz und Korruption – Entwicklungen, die Mussolini in der Führung der Partei und in der eigenen

Umgebung begünstigte, um seine persönliche Machtstellung zu stärken.

Auch in der Inszenierung des Duce treten hinter der „modernen" Fassade virtuosen Medieneinsatzes traditionelle Elemente hervor. Mussolini nämlich stilisiert sich zum fürsorglichen, die unvermeidliche Mißwirtschaft kleinlicher Funktionärsseelen unparteiisch korrigierenden Familienvater, der sich die Zeit nimmt, Hunderttausende an ihn direkt gerichteter Briefe selbst zu beantworten – und knüpft damit nahtlos an ältere, vor allem im Süden lebendige paternalistische Erwartungshaltungen an. Der Kontrast setzt sich in der durch Mussolinis eigene Texte gespeisten offiziellen Ideologie des Faschismus fort, die hinter vulgarisiertem Sozialdarwinismus, Verherrlichung des Krieges als Selektion der Besten, Führer- und Jugendkult, Polemik gegen die Aufklärung und ihre Produkte Individualismus, Liberalismus und Demokratie, hinter der Verherrlichung des starken, natürlichen Staates und verquaster Vorsehungsmystik ebenfalls ältere Motive aufnimmt. In seiner Selbstdarstellung, gerade auch in Bauten, nimmt der Faschismus zudem für sich in Anspruch, die Großzeiten der italienischen Geschichte zu erneuern, ja bereits wiederbelebt zu haben, und erscheint damit in bildungsbürgerlichen Augen als legitime Fortsetzung des Risorgimento, das dieselben Versprechungen nicht wirklich einzulösen vermocht hatte.

In der zweiten Hälfte der dreißiger Jahre setzt dann der Herbst der Diktatur ein. Die Widersprüche steigern sich: zwischen dem Jugendkult des Systems und dessen ordengeschmückten Hierarchen, zwischen Beschwörung rasanten Fortschritts und faktischem Stillstand. Zudem vermochte der vor dem finanziellen Kollaps stehende Staat weder neue Posten für versorgungshungrige Beamten-Aspiranten bereitzustellen noch den allmählichen Anstieg der Lebenshaltungskosten zu verhindern. Und schließlich wurden in einem extrem personalisierten System scheinbar private Faktoren wie Mussolinis abnehmende Gesundheit und damit die Nachfolgefrage, über die der König entschied, zu einem Politikum. Alle diese Ermüdungserscheinungen aber gefährdeten weder ernsthaft die

Stabilität des Regimes noch die Stellung des Duce als Integrationsfigur.

Mussolinis – äußerst kontraproduktive – Reaktion auf das Welken des Systems besteht in einem Totalisierungsschub, der mit grotesken Riten wie Gruß- und Marschiervorschriften zwar den Forderungen eingefleischter jüngerer Faschisten entspricht, die in der jüngeren Generation vorherrschende Politikmüdigkeit aber vorantreibt. Sahen auch eingeschworene Anhänger des Regimes dessen zunehmende Abhängigkeit vom nationalsozialistischen Deutschland mit Unbehagen, so riefen die ab 1937/38 plötzlich (und von dieser Anlehnung unabhängig) beginnenden, weltanschaulich nicht vorbereiteten antisemitischen Kampagnen und Verfolgungen in breiten Kreisen Entsetzen hervor.

Mit dem von Mussolini aus Furcht, zum passiven Juniorpartner eines siegreichen Großdeutschland abzusinken, im Juni 1940 herbeigeführten Kriegseintritt bahnt sich der Sturz des Regimes an, den die italienischen Niederlagen in Griechenland und Afrika beschleunigen. Mit dem Vorrücken der Amerikaner in Sizilien schließlich wird der Sturz des Faschismus notwendig, will man Bombardierungen Roms und die bedingungslose Kapitulation vermeiden. So wird die Absetzung und Gefangennahme Mussolinis Ende Juli 1943 von Honoratioren des vorfaschistischen Italien und vor allem von der königlichen Umgebung organisiert.

Die neue Regierung unter Marschall Pietro Badoglio scheitert allerdings strategisch: Italien wird zum Schauplatz des Krieges zwischen den Alliierten und den Deutschen, vor denen der König aus Rom an die Adriaküste flieht und damit letzten Kredit verspielt. Im Juni 1944 bilden sechs bereits vorher in einem antifaschistischen Befreiungsbündnis zusammmengeschlossene Parteien – darunter als Erbin der Katholischen Volkspartei die Democrazia Cristiana, die Sozialisten, die Kommunisten und der Partito d'Azione als Vertretung der bürgerlichen Linken – eine neue, breit abgestützte Regierung, hinter der bereits die politischen Konturen der Nachkriegszeit hervortreten.

Während sich im Süden eine allmähliche Normalisierung abzeichnet, erlebt der Norden den Terror der nominell von Mussolini (den ein deutsches Kommando im September 1943 befreit hatte), de facto aber von der SS und Banden im Dienst führender faschistischer Politiker beherrschten Republik von Salò. Gegen sie entfaltet sich mit der Resistenza eine höchst heterogene, spontan aufgeflammte, erst nachträglich (und nie vollständig) mit den führenden Parteien verschmelzende Widerstandsbewegung, in der viele Elemente traditioneller Volksaufstände – der Gegensatz zwischen Stadt und Land, lokale Rivalitäten – fortleben. Den mit vielleicht 50 000 Mitgliedern stärksten Anhang unter den Partisanen, nach der Erschießung Mussolinis am 28. April 1945 auch das größte Prestige besitzen die Kommunisten.

Nachkriegs-Italien oder: die irritierende Gleichzeitigkeit des Ungleichzeitigen

Eine im Sinne der Resistenza-Prinzipien konsequente Regierung, die energisch die Säuberung des Staatsapparates von Faschisten betreibt, kann sich 1945 nicht lange halten; ihr Rigorismus ist vor allem im Süden, wo die moralische Regeneration durch die Resistenza ausblieb und die Mafia nach mörderischen Machtproben mit Mussolinis Statthaltern jetzt als „antifaschistische" Kraft profitiert, alles andere als populär. Indikator für die weiter gewachsene Kluft zwischen Nord und Süd ist das Plebiszit vom 2. Juni 1946: Zwar stimmen 54,3 Prozent der Italiener für die Republik, doch kann die Savoyer-Monarchie in Neapel auf einen Anhang von fast vier Fünfteln zählen.

Die zum 1. Januar 1948 in Kraft tretende Verfassung will Lehren aus der jüngsten Vergangenheit ziehen und stärkt daher individuelle und kollektive Rechte, z. B. die kleiner und kleinster Parteien, beschränkt die Macht des Staatsoberhauptes auf überwiegend symbolische Funktionen, sichert durch Referenden außerparlamentarischen Einfluß auf die Gesetzgebung, schützt die Unabhängigkeit der Judikative und erhöht die

Eigenständigkeiten der Regionen – auch die der Kirche. Dahinter aber scheint wie im Gegenlicht viel vom System von 1861 durch.

Auch in den beiden Kammern des neuen Parlaments setzt sich rasch eine politische Klasse fest, deren über Jahrzehnte durch klienteläre Netzwerke und enge Verbindungen zu lokalen Führungsschichten bewahrte Geschlossenheit auffallend mit der Instabilität der Regierungen kontrastiert – allein ein Protagonist des Systems wie Amintore Fanfani ist fünfmal Ministerpräsident, zum ersten Mal im Januar und Februar 1954, zum letzten Mal mehr als 33 Jahre später. Die Bandbreite der Koalitionen fiel gering aus, seit die USA und der Vatikan 1947 im Zeichen des Kalten Krieges den Ausschluß der – an der ersten Regierung Alcide de Gasperis noch beteiligten – Kommunisten erzwangen. Democrazia Cristiana (DC) mit liberalen oder gemäßigten sozialistischen Gruppierungen – mehr Spielraum ließ das System fast fünf Jahrzente lang nicht zu.

Vergebliche Versuche, diese sterile Konstellation zugunsten einer Öffnung zu den Kommunisten (PCI) aufzubrechen, sind mit dem Namen Aldo Moro verbunden, den Terroristen der Brigate Rosse 1978 ermordeten. Die Parteien der neuen Republik waren jetzt zwar Massenorganisationen mit den höchsten Mitgliederzahlen des demokratischen Europa, mit Ausnahme des PCI aber alles andere als programmatisch klar fixiert. Vor allem die DC stellt sich als ein weitgespannter Interessen-Pool mit zahlreichen Fraktionen und Strömungen dar. Aus dieser Inkohärenz und der weiterhin virtuos praktizierten Kunst des *trasformismo* ergibt sich, daß numerisch klare Mehrheiten keineswegs sichere Abstimmungserfolge garantieren und selbst die Trennlinien zwischen Regierung und Opposition häufig verschwimmen.

Nicht nur in den Regeln und Riten des politischen Lebens erscheint das Erbe der Jahrhunderte lebendig. Der hohe Stellenwert der klientelären Beziehungsnetze, der von einflußreichen „Persönlichkeiten" ausgesprochenen Empfehlungen; das vor allem im Süden verbreitete, durch eklatante Steuerungleichheit immer wieder genährte Mißtrauen gegen den Staat als Ausbeutungsinstanz; das Staatsamt als Pfründe; die rituelle Zelebrierung des Skandals als massenpsychologisches Ventil; die Rolle der *piazza* als politisches Druckmittel; der Kontrast zwischen Klassenbewußtsein und Willen zum Aufstieg; der mit nationalen Aufwallungen jederzeit vereinbare glühende Lokal-patriotismus; die ungelöste Spannung zwischen einem uralten kulturellen Überlegenheitsgefühl und dem nicht geheilten Rückständigkeitstrauma des Risorgimento; ausgeprägter Traditionalismus und leidenschaftliche Hingabe an die Moderne; hohe wirtschaftliche Innovationskraft, zumindest im Norden, gepaart mit rückständigen bürokratischen Strukturen – Indizien für eine verwirrende Gleichzeitigkeit des Ungleichzeitigen.

Spiegel von Gesellschaft und Bewußtseinshaltungen, haben die Einrichtungen der Republik nach 1948 trotz aller Defizite eine keineswegs ausschließlich negative Bilanz vorzuweisen. Allerdings ist ihr hervorstechender Ruhmestitel ein eher passiver: den rechtsstaatlichen Rahmen für sozioökonomischen und mentalen Wandel zu bilden, für das Wirtschaftswunder im Norden, das Italien zu einer der sieben führenden Industrie-staaten macht, für die europäische Integration, aber auch für das Erstarken einer über den Verirrungen der politischen Klasse stehenden gerichtlichen Gewalt. Gerade sie, die Magistratur, gibt mit ihrem Kampf gegen Camorra, Mafia und Tangento-poli, gegen die zum System gewordene Verfilzung von Wirt-schaft und Politik, dem Aufkommen einer neuen politisch-moralischen Wertegemeinschaft wichtige Anstöße. Ein letzter Pluspunkt für das System besteht darin, daß es seine gewaltlose Abschaffung zuläßt. Sie erfolgt 1993 durch ein Referendum, das eine – seit langem fruchtlos diskutierte – Wahlrechtsreform durchsetzt, die jetzt drei Viertel Mehrheits- mit einem Viertel Verhältniswahl (und für letztere eine Sperrklausel von vier Pro-zent) kombiniert und die einem Fußtritt für die mehr als vier Jahrzehnte dominierende politische Klasse und ihre Parteien gleichkommt.

Deren Spektrum hatte sich schon in den achtziger Jahren wesentlich verändert, als im Norden regionale (1991 als „Lega

Nord" zusammengeschlossene) „Ligen" Erfolge mit populistischen, ursprünglich eine Dreierkonföderation Nord-Mitte-Süd fordernden, erst später offen separatistischen „Programmen" erzielen. Deren zeitgeistförmige Einkleidung vermochte nie zu verdecken, daß die diffuse Bewegung nur durch ihre Feindbilder – den alle produktiven Elemente vampirgleich aussaugenden römischen Zentralismus, die „Andersartigkeit" des die Krebsgeschwüre Mafia und Korruption im gesunden nördlichen Volkskörper ausbreitenden Südens, die Abstammungsdifferenz zwischen gallisch-keltischen „Padaniern" und Italienern – Zusammenhalt gewinnt. Gerade mit solchen unterschiedliche „Volkscharaktere" konstruierenden Parolen für ein unabhängiges Norditalien aber wird ein Bruch mit dem in tausend Jahren gewachsenen, auf Lebensformen, nicht auf Abstammung gegründeten Nationalbewußtsein Italiens vollzogen und, wie sich an der rasch abnehmenden Komparserie der schrillen „Padanien"-Inszenierungen zeigt, wohl auch ein Bogen überspannt.

So sah am Beginn der 1990er Jahre alles nach einem Neuanfang in einer Zweiten Republik aus. Das Vakuum, das der Untergang der alten Parteien hinterlassen hatte, füllte sich eigentümlich genug auf. Befremdlich und vertraut zugleich wirkte vor allem die kurz zuvor aus der Taufe gehobene „Forza Italia" des Mediengroßunternehmers Silvio Berlusconi, den Italienern als Eigentümer eines weit verzweigten Geschäftsimperiums bekannt, dessen Kern viel gesehene Fernsehsender und der nicht minder populäre Fußballclub AC Mailand bildeten. In Selbstdarstellung und Wahlwerbung der neuen Partei verschmolzen innovativste Propagandatechniken mit Versprechungen, die in sehr traditioneller Weise auf Brot und Spiele hinausliefen. So war der „Forza Italia" nebst Verbündeten der Sieg im März 1994 nicht zu nehmen.

Nicht minder ungewöhnlich war die Art und Weise, wie sich die einzelnen Parteien in Großallianzen vernetzten, die mit bildhaften Bezeichnungen wie „Pol der Freiheit" oder „Ölbaum" die Emotionen der Wähler anzusprechen versuchten. So bestand der „Ölbaum" bei den Wahlen im April 2006 aus

nicht weniger als dreizehn Einzellisten, von globalisierungs-
freundlichen Liberalen bis zu kommunistischen Traditiona-
listen. Auf der Gegenseite sticht die nicht minder heterogene
Union hervor, die sich aus (zur Alleanza nazionale mutierten)
Post-Faschisten als Gralshütern eines starken Staates, der Lega
Nord als dessen erklärter Verächterin und der Forza Italia
als dessen selbsternannter Erneuerin zusammensetzt. In Anbe-
tracht dieser lockeren Zweckbündnisse sind selbst deutliche
Mehrheiten in beiden Kammern keine Garantie für Stabilität.
So endete die erste Regierung Berlusconi schon Ende 1994 in
Chaos und Selbstauflösung, kein Einzelschicksal, wie Romano
Prodi, der knappe Wahlsieger von 1996, bald darauf erfahren
sollte.

Dessen ungeachtet schlugen Stabilisierungsleistungen zu
Buche. So bewältigte Italien den noch kurz zuvor kaum für
möglich gehaltenen Beitritt zum Euro. Und von 2001 bis
2006 amtierte eine erneute Regierung Berlusconi die volle
Legislaturperiode hindurch, um dann allerdings mit einem
denkbar knappen Resultat abgewählt zu werden. Ausschlaggebend dafür dürften Gesetze gewesen sein, mit deren Hilfe
der von den Untersuchungen der Staatsanwaltschaft bedräng-
te Premier versuchte, sich aus den Netzen der Justiz zu be-
freien und seine ohnehin schon sehr starke Stellung im Me-
diensektor übermächtig zu gestalten. Ob die im Frühjahr 2006
von Romano Prodi gebildete Regierung die gravierenden öko-
nomischen und finanziellen Probleme des Landes zu lösen vermag, wird die Zukunft erweisen. Im Laufe einer für Europa
oft genug Weichen stellenden Geschichte hat Italien schließlich wie kein anderes Land die Fähigkeit zur Improvisation
und zum Überleben unter verschärften Bedingungen unter
Beweis gestellt.

Bibliographie

Die folgende Auswahl bietet neuere Standardliteratur mit weiterführenden Literaturangaben, im letzten Abschnitt auch einige speziellere Titel zu im Text behandelten Schwerpunktthemen.

1. Gesamtdarstellungen/Epochenabrisse

Absalom, R., Italy since 1800. A Nation in the Balance?, London/New York 1995.

Berkeley, G., Italy in the Making (1815–1848), 3 Bde., Cambridge 1968.

Burke, P., Die Renaissance in Italien, Berlin 1984.

Carpanetto, D., L'Italia del Settecento. Illuminismo e movimento riformatore, Torino 1980.

Carpanetto, D./Ricuperati, G., Italy in the Age of Reason, London/New York 1987.

Clark, M., Modern Italy 1871–1995, London/New York ²1996.

Cochrane, E., Italy 1530–1630, London/New York 1990.

Duggan, C./Wagstaff, C. (Hrsg.), Italy in the Cold War. Politics, Culture, and Society, Oxford 1995.

Georgelin, J., L'Italie à la fin du XVIIIᵉ siècle, Paris 1989.

Ginsborg, P., A History of Contemporary Italy. Society and Politics 1943–1988, London 1990.

Hay, D./Law, J., Italy in the Age of the Renaissance 1380–1530, London/New York 1989.

Hearder, H., Italy in the Age of the Risorgimento 1790–1870, London/New York 1983.

Jones, P., The Italian City-State. From Commune to Signoria, Oxford 1997.

Larner, J., Italy in the Age of Dante and Petrarch, London/New York 1980.

Mack Smith, D., Modern Italy. A Political History, New Haven/London 1997.

Reinhardt, V. (Hrsg.), Die großen Familien Italiens, Stuttgart 1992.

Reinhardt, V., Geschichte Italiens. Von der Spätantike bis zur Gegenwart, München 2003.

Sella, D., Italy in the Seventeenth Century, London/New York 1997.

Tagliaferri, A. (Hrsg.), I ceti dirigenti in Italia in età moderna e contemporanea, Udine 1984.

Woolf, S., A History of Italy, 1700–1860. The Social Constraints of Political Change, London 1979.

Zaghi, C., L'Italia di Napoleone dalla Cisalpina al Regno, Torino 1986.

2. Geschichte von Regionen und Städten

Backman, C. R., The Decline and Fall of Medieval Sicily. Politics, Religion, and Economy tn the Reign of Frederick III, 1296–1337, Cambridge 1995.

Bartoccini, F., Roma nell'Ottocento. Il tramonto della „Città Santa". Nascita di una capitale, Bologna 1985.

Bentley, J. H., Politics and Culture in Renaissance Naples, Princeton 1987.

Berselli, E. (Hrsg.), Storia della Emilia-Romagna, 3 Bde., Imola/Bologna 1977–1984.

Bologna, G. (Hrsg.), Milano e gli Sforza. Galeazzo Maria e Ludovico il Moro, 1476–1499, Milano 1983.

Bowsky, W. M., A Medieval Commune. Siena under the Nine, 1287–1355, Berkeley 1981.

Bratchel, M. E., Lucca 1430–1494. The Reconstruction of an Italian City-Republic, Oxford 1995.

Burr Litchfield, R., Emergence of a Bureaucracy. The Florentine Patricians 1530–1790, Princeton 1986.

Canosa, R., Milano nel Seicento. Grandezza e miseria nell'Italia spagnola, Milano 1993.

Caravale, M./Caracciolo, A., Lo stato pontificio da Martino V a Pio IX, Torino 1978.

Chiappa Mauri, L. (Hrsg.), L'età dei Visconti, Milano 1993.

Costantini, C., La Repubblica di Genova nell'età moderna, Torino 1978.

D'Agostino, G., Parlamento e società nel Regno di Napoli, Napoli 1979.

Domzalski, O. T., Politische Karrieren und Machtverteilung im venezianischen Adel (1646–1797), Sigmaringen 1996.

Finlay, R., Politics in Renaissance Venice, New Brunswick 1985.

Finley, M. J./Mack Smith, D./Duggan, C., A History of Sicily, London 1986.

Hunecke, V., Der venezianische Adel am Ende der Republik 1646–1797. Demographie, Familie, Haushalt, Tübingen 1995.

I primi anni della restaurazione nel Ducato di Modena, Modena 1981.

Lane, F. C., Studies in Venetian Social and Economic History, London 1987.

Lubkin, G., A Renaissance Court. Milan under Galeazzo Maria Sforza, Berkeley 1994.

Murtaugh, F. M., Cavour and the Economic Modernization of the Kingdom of Sardinia, New York 1991.

Pollak, M. D., Turin, 1564–1680. Urban Design, Military Culture, and the Creation of the Absolutist Capital, Chicago 1991.

Reinhardt, V., Überleben in der frühneuzeitlichen Stadt. Annona und Getreideversorgung in Rom 1563–1797, Tübingen 1991.

– Die Medici. Florenz im Zeitalter der Renaissance, München 1998.

Rubinstein, N., The Government of Florence under the Medici (1434 to 1494), Oxford 1966.

Ryder, A., The Kingdom of Naples under Alfonso the Magnanimous. The Making of a Modern State, Oxford 1976.

Smycox, G., Victor Amadeus II. Absolutism in the Savoyard State, London 1983.

Thumser, M., Rom und der römische Adel in der späten Stauferzeit, Tübingen 1995.

Wacquet, J. C., Le Grand-Duché de Toscane sous les derniers Médicis. Essai sur le système des finances et la stabilité des institutions dans les anciens Etats italiens, Rome 1990.

3. Biographien, Einzelaspekte

Ames-Lewis, F., (Hrsg.), Cosimo „il Vecchio" de' Medici, 1389–1464. Essays in Commemoration of the 600th Anniversary of Cosimo de' Medici's Birth, Oxford 1992.

Ammirato, P., La lega. The Making of a Successful Cooperative Network, Dartmouth 1996.

Arlacchia, P., Mafia, Peasants and Great Estates. Society in Traditional Calabria, Cambridge 1983.

Behan, T., The Camorra, London/New York 1996.

Burgwyn, H. J., The Legend of the Mutilated Victory. Italy, the Great War, and the Paris Peace Conference, 1915–1919, London 1993.

Davis, J. A./Ginsborg, P. (Hrsg.), Society and Politics in the Age of the Risorgimento, Cambridge 1991.

De Grazia, V., The Culture of Consent. Mass Organization of Leisure in Fascist Italy, Cambridge 1981.

Delille, G., Famille et parenté dans le royaume de Naples (XVe–XXe siècle), Rome/Paris 1985.

Federico, G. (Hrsg.), The Economic Development of Italy since 1870, Aldershot 1994.

Garfagnini, G. C. (Hrsg.), Lorenzo il Magnifico e il suo tempo, Città di Castello 1992.

Hollingworth, M., Patronage in Renaissance Italy. From 1400 to the Early Sixteenth Century, London 1994.

Hunt, E. S., The Medieval Super-Companies. A Study of the Peruzzi Company of Florence, Cambridge 1994.

Jones, P., City and Countryside in Late Medieval and Renaissance Italy, London 1990.

Karsten, A., Bernini. Der Schöpfer des barocken Rom, München 2006.

Law, J., The Lords of Renaissance Italy. The signori 1250–1500, London 1981.

Leonardi, R., Italian Christian Democracy. The Politics of Dominance, Basingstoke 1989.

Mack Smith, D., Cavour, London 1985.

– Mazzini, New Haven/London 1994.

Martin, R., Witchcraft and the Inquisition in Venice 1550–1650, Oxford 1989.

Minna, R., Breve storia della mafia, Roma 1984.

Montroni, G., Gli uomini del re. La nobiltà napoletana nell'Ottocento, Catanzaro 1996.

Morgan, P., Italian Fascism 1919–1945, Basingstoke 1995.

Reinhard, W., Papstfinanz und Nepotismus unter Paul V. 1605–1621. Studien und Quellen zur Struktur und zu quantitativen Aspekten des päpstlichen Herrschaftssystems, 2 Bde., Stuttgart 1974.

– Freunde und Kreaturen. „Verflechtung" als Konzept zur Erforschung historischer Führungsgruppen. Römische Oligarchie um 1600, Augsburg 1979.

Reinhardt, V., Kardinal Scipione Borghese (1605 bis 1633). Vermögen, Finanzen und sozialer Aufstieg eines Papstnepoten, Tübingen 1984.

Rosa, M. (Hrsg.), Clero e società nell'Italia moderna, Bari/Roma 1992.

Rosenberg, C. M., The Este Monuments and Urban Development in Renaissance Ferrara, Cambridge 1997.

Schwerpunkt Resistenza. Widerstand in Italien, München/Zürich 1997.

Springer, C., The Marble Wilderness. Ruins and Representation in Italian Romanticism, 1775–1850, Cambridge 1987.

Stille, A., Citizen Berlusconi, München 2006.

Tuohy, T., Herculean Ferrara. Ercole d'Este 1471–1505, and the Invention of a Ducal Capital, Cambridge 1996.

Weber, C., Familienkanonikate und Patronatsbistümer. Ein Beitrag zur Geschichte von Adel und Klerus im neuzeitlichen Italien, Berlin 1988.

Welch, E. S., Art and Society in Italy 1350–1500, Oxford 1997.

Zamagni, V., The Economic History of Italy 1860–1990, Oxford 1993.

Register

127